Brave Journeys

Pasos valientes

BRAVE JOURNEYS

15 Border-Crossing Stories

Edited by
Erika Duncan and
Silvia P. Heredia

Translated by
Silvia P. Heredia

PASOS VALIENTES

15 historias de cruzar fronteras

Editado por
Erika Duncan y
Silvia P. Heredia

Traducción de
Silvia P. Heredia

Herstory
WRITERS WORKSHOP

Published by Herstory Writers Workshop, Inc. 2018

ISBN: 978-0-9821385-6-4

Cover art and art on pages ii, 2, 3, 8, 96, and 104 by Gwynne Duncan

These stories first began to appear in November of 2017 in an ongoing series by immigrant writers on Long Island, intended to give a human face to the movement to keep our nation a welcoming place in this moment when every voice is needed to help the Statue of Liberty hold up her torch. *Stories for Liberation*, hosted by Long Island Wins, features a new Herstory story each week, along with a growing archive of these powerful stories, in the hope that each new voice will make a difference, as we wipe away the Statue of Liberty's tears. To access this collection in Spanish and English visit https://longislandwins. com/herstory/.

Estas historias comenzaron a salir en noviembre del 2017 en una serie en desarrollo de escritores inmigrantes en Long Island, con la intención de dar una cara humana al movimiento para mantener a nuestra nación un lugar de bienvenida en este momento en que se necesita cada voz para ayudar a la Estatua de la Libertad sostener en alto su antorcha. *Historias para la liberación*, presentado por Long Island Wins, introduce una historia nueva de Herstory cada semana, y un archivo creciente de estas poderosas historias, con la esperanza de que cada nueva voz hará una diferencia, mientras le limpiamos las lágrimas a la Estatua de la Libertad. Para ver esta colección en español y en inglés visite https://longislandwins.com/ herstory/.

Layout and design: Alan Gold

Herstory Writers Workshop, Inc.
2539 Middle Country Rd. FL 2
Centereach, New York 11720
Phone: 631-676-7395
Fax: 631-676-7396

www.herstorywriters.org

Índice
Contents

In memory of Jenny Cruz, whose heart was with the young students and their families.

For the families that come alive with these writings. That the dreams for which they risked so much may come true.

In memory of Amy Hagedorn, Herstory writer and friend, who did so much for the immigrant community on Long Island.

Let the words in this book rise up to give strength to us all.

~

En memoria de Jenny Cruz, cuyo corazón estaba con los jóvenes estudiantes y sus familias.

Para las familias que cobran vida en estas escrituras. Que los sueños por los que sacrificaron tanto se vuelvan realidad.

En memoria de Amy Hagedorn, escritora de Herstory y amiga, que hizo tanto por la comunidad inmigrante de Long Island.

Que las palabras en este libro se eleven a darnos fuerzas a todos.

Para nuestros héroes jóvenes . . .

Que sostienen la antorcha en alto con sus palabras

¿Qué nos pueden enseñar las historias de héroes jóvenes? ¿Pueden ayudar a mantener nuestro país un lugar de bienvenida?

Estamos contentos de presentar 15 historias escritas por estudiantes de preparatoria que cruzaron montañas y desiertos y ríos para reunirse con sus padres, que vinieron a este país para escapar peligro, con el sueño de una vida mejor. Todas excepto dos historias fueron escritas por jóvenes en Central Islip High School, como parte de un proyecto especial para estudiantes del lenguaje inglés (English Language Learners, ELL), recién acostumbrándose a sus nuevos hogares. La mayoría de ellos cruzó fronteras sureñas solos, mientras algunos vinieron por avión con familiares.

Este proyecto comenzó cuando Dafny Irizarry, una maestra de ELL, les pidió a sus estudiantes que pegaran mensajes en un árbol de Navidad sobre qué había sido su regalo más grande del año. Sin excepción, los mensajes hablaban de la reunión con sus padres. Ella sabía que estas historias necesitaban ser escritas y escuchadas.

Por años Dafny había estado trabajando con Herstory Writers Work-

For Our Young Heroes . . .
Who Hold up the Torch with Their Words

What can the stories of young heroes teach the rest of us? Can they help to keep our country a welcoming place?

We are happy to present 15 stories by high school students who crossed mountains and deserts and rivers to rejoin their parents—who came to this country to escape danger, with the dream of better life. All but two of the stories were written by young people from Central Islip High School, as part of a special project for English Language Learners first settling into their new homes. The majority crossed the southern border alone, while a few came by plane with relatives.

This project began when Dafny Irizarry, an ELL teacher asked her students to post messages on a Christmas tree about what had been their biggest gift of the year. Without exception, the messages spoke of reunion with their parents. She knew that these stories needed to be written and heard.

For years Dafny had been working with Herstory Writers Workshop, an organization that helps people whose voices are not often heard to change their personal memories into memoirs powerful

shop, una organización que ayuda a personas cuyas voces no siempre son escuchadas a cambiar sus recuerdos personales en memorias suficientemente poderosas para cambiar corazones, mentes, y hasta políticas. ¿Acaso podríamos trabajar con sus estudiantes? preguntó.

¿Podrían las historias de jóvenes que valientemente enfrentaron obstáculos inimaginables para seguir los sueños de su familia guiar aquellos que toman las decisiones grandes? ¿Podrían empoderar a lectores a pensar en soluciones nuevas?

Helen Dorado Alessi era una escritora de Herstory que había pasado su vida adulta trabajando con la comunidad inmigrante. Ella se identificó profundamente con los jóvenes que habían sido separados de sus familias, ya que ella escribía sobre su propia niñez en una familia que esperaba llamadas de teléfono de Cuba, donde vivían sus abuelos, sin esperanza alguna de una reunión. Helen comenzó a trabajar con los estudiantes que Dafny había reunido, cada semana reuniéndose para darle forma a sus historias de tal manera que un extraño leyendo pudiera escucharlas.

Conforme cada estudiante ponía pluma a papel, pausadamente al principio, sin saber qué significaría recordar cosas que fueron tan difíciles, magia comenzó a ocurrir. Aunque las historias eran difíciles, en cada nueva transcripción era la fuerza y el espíritu lo que empezaba a brillar. Cada estudiante que escribía una página nueva daba a otros en el círculo de escritura más valentía conforme pasaban las semanas, hasta que finalmente estaban listos para leerles a sus maestros de ELL, que nunca los habían conocido de una manera tan profunda y cariñosa. Estaban listos para leerles a otros estudiantes, cuyas historias eran ecos de las suyas, para inspirar a más jóvenes a tomar este viaje de escritura con ellos. Estaban listos para que sus historias fueran publicadas en el sitio de internet de Long Island Wins, un servicio de noticias para la comunidad inmigrante de Long Island que alcanza de 10.000 a 15.000 lectores al mes.

Es con tristeza, pero también con urgencia y orgullo, que compartimos de manera anónima la escritura de estos jóvenes, ya que no sería seguro para ellos compartir estas historias de una manera rastreable. Compartimos la esperanza y la luz en sus voces en este momento cuan-

enough to change hearts, minds and even policies. Could we work with her students? she asked.

Could the stories of young people who braved unimaginable odds to follow their families' dreams guide those in our country who are making the big decisions? Could they empower readers to come up with new solutions?

Helen Dorado Alessi was a Herstory writer who had spent her whole adult life working with the immigrant community. She deeply identified with the young people who had been separated from their families, as she wrote about her own childhood in which the family would wait for phone calls from Cuba where her grandparents lived, without any hope for a reunion. She began to work with the students Dafny brought together, meeting once a week to give shape to their stories in a way that a reading stranger might be able to hear them.

As each student put pen to paper, hesitantly at first, not sure what it would mean to bring back memories that were so difficult, magic began to happen. Although the stories were hard, in each new transcription it was the strength and the spirit that began to shine through. Each student who wrote a new page gave the others in the writing circle more courage as the weeks went by, until finally they were ready to read to their ELL teachers, who never had known them in such a deep caring way. They were ready to read to other students, whose stories echoed their own, to inspire more young people to take the writing journey with them. They were ready to have their stories posted on the website of Long Island Wins, a news gathering service for Long Island's immigrant community that reaches 10,000 to 15,000 readers a month.

It is with sadness, but also with urgency and pride, that we anonymously share the writing of these young people, alone, because it wouldn't be safe to share these stories in a traceable way. We share the hope and the light in their voices at this moment of time when, in the words of Nancy Pelosi, Minority Leader of the House of Representatives, "the Statue of Liberty has tears in her eyes."

As we read these brave stories, we are struck by the quiet and

do, en las palabras de Nancy Pelosi, Líder Demócrata de la Cámara de Representantes, "la Estatua de la Libertad tiene lágrimas en sus ojos".

Al leer estas valientes historias, nos impresiona la sabiduría queda y poderosa que brilla a través de ellas, testimonio de la resistencia del espíritu humano y de la esperanza dentro de todos nosotros que está por escucharse. Nos imaginamos un tiempo en el que todos los estudiantes puedan reclamar sus historias nuevamente, con sus nombres conectados a ellas, cuando podamos reunir estas historias, y muchas otras más, en un libro con fotografías de estos héroes y tener una verdadera celebración de su heroísmo, espíritu, y esperanza.

Mientras tanto, le damos las gracias a cada uno de los estudiantes en esta colección por ayudar a sostener en alto la antorcha de la Estatua de la Libertad.

Erika Duncan, Fundadora de Herstory
Writers Workshop, febrero, 2018

forceful wisdom that shines through, giving testimony to the strength of the human spirit and the hope within us all to be heard. We think of a time when all of the students will again be able to claim their own stories, with their names attached, when we will be able to bind these stories, and many others, into a book with photographs of these heroes and have a true celebration, of their heroism, spirit, and hope.

Meanwhile we thank each of the students in this collection for helping to hold up the Statue of Liberty's torch.

Erika Duncan, Founder of Herstory Writers
Workshop, February 2018

CRUZANDO FRONTERAS

CROSSING BORDERS

HISTORIA UNO
Nunca te olvidaré

Llegamos a una etapa en donde no nos imaginamos qué podría pasar al momento de descubrir cuál es la realidad del mundo. En ese momento no se te ocurre si podrías llegar a conocer la historia de la vida. Primero, permanecemos un tiempo dentro del cuerpo de otro ser humano. Puede parecer poco, pero para ese ser humano puede parecer muy largo el tiempo que tiene que esperar.

Así, llega el día en que tienes que salir de ese estrecho e incómodo lugar. El día en que tus padres lloran de felicidad y tú gritas por la misma razón. Nueve meses por dentro es poco, pero son muchos años por vivir.

Nací un 13 de febrero de 1999. Mi padre, quien fue asesinado, decidió antes de morir que mi nombre debía ser ▆▆▆▆▆▆▆ en honor a una tía que era monja. Mi abuela quería que me registraran como si yo hubiese nacido un 14 de febrero, pero lo correcto es que te registren el día que en verdad naciste.

La vida en nuestros países es muy difícil. A causa de la mala economía, muchos corremos a alcanzar el sueño americano. Pocos lo logran, muchos mueren en el camino, en el desierto.

Pero venimos con un pensamiento muy negativo. Llegamos con el miedo de ser discriminados por ser hispanos o por no hablar el mismo lenguaje que ellos. Llegamos aterrorizados de vivir en un mundo totalmente diferente a nuestros países. Pero, aunque no es fácil, tampoco es imposible.

Muchas veces analizo cómo será esa vida, viviendo con personas distintas, con pensamientos diferentes al mío.

La ley de la vida es que nazcas, crezcas, te reproduzcas y mueras. Y aunque no sabes cuánto tiempo vivirás, la vida transcurre paso a

I Will Never Forget You

We reach a stage where we can't imagine what could happen once we discover the reality of the world. At that moment it doesn't occur to you that you could know the story of life. First, we remain some time inside the body of another human being. It might not seem like much, but for that human being it might seem a long time they'll have to wait.

Just like that, the day comes for you to leave that narrow and uncomfortable place. The day your parents cry of happiness and you cry out of joy for the same reason. Nine months inside is a short time, but it's many years to live.

I was born on February 13, 1999. My father, who was killed, decided before his death that my name had to be ▇▇▇▇▇▇▇▇ in honor of my aunt, who was a nun. My grandmother wanted me to be registered as if I had been born on February 14, but the right thing to do was to be registered the day I was truly born.

Life in our countries is very hard. Because of the economy, many of us run to chase the American dream. Few make it; many die on their way, in the dessert.

But we come with negative thinking. We arrive with fear of being discriminated because we are Hispanic or because we don't speak the same language they do. We arrive terrified to live in a totally different world, completely different from our countries. But even though it's not easy, it's not impossible either.

Many times I find myself analyzing how that life might be, living with different people, with thinking different from mine.

The law of life is to be born, grow up, reproduce and die. And although you don't know how long you'll live, life moves step by

paso y a la vez tan rápido, que es imposible valorar todo el tiempo que perdemos.

Pero deberíamos disfrutar nuestra etapa de la infancia porque muchos nacen día con día, pero mueren al instante y no tienen nunca la oportunidad de vivir, como la tenemos nosotros.

Mi infancia fue un poco desastrosa y triste porque no tuve la oportunidad de tener a mi padre a mi lado. Tenía ocho años cuando me enteré que a mi padre lo habían asesinado. Después de eso aprendí que la vida es difícil pero que todo se puede lograr y que puedes salir adelante si tú te lo propones.

Tenía 16 años cuando le pedí a mi madre que me trajera con ella porque quería conocerla.

—Déjame ver qué puedo hacer —me dijo— porque se necesita mucho dinero para algo así.

—Está bien —le dije— espero su respuesta.

Al pasar el tiempo comencé a analizar que si me venía para acá dejaría a mi abuela sola. Ella es como mi primera madre, alguien que me dio mucho amor.

A los tres meses de haberle comentado a mi mamá acerca del viaje, sonó el teléfono mientras yo estaba sentada al lado de mi abuela en la sala de mi casa. Al ver el teléfono, vi que era mi madre quien llamaba. Sintiéndome un poco triste, le contesté.

—Hija —me dijo— prepárese porque sale el lunes.

Yo, muy sorprendida le contesté,

—Mamá, yo ya no me quiero ir.

—¿Por qué? —me preguntó.

—Porque mi abuela está muy enferma y no sé si la voy a volver a ver, ó cuándo pueda regresar.

Yo no estaba segura de poder hacerlo, pero si tenía la ayuda de Dios y de mi abuela, sabía que lo podía lograr. Mi abuela me decía que tenía miedo de que me viniera porque el camino es muy peligroso. Yo tenía mucho miedo también porque escuchaba muchos rumores de la gente acerca de que violaban a las mujeres en el camino.

Tomé la decisión de enfrentar mi destino, dejando a familiares y seres queridos para tener una nueva vida con personas muy dife-

step, sometimes so fast, it's impossible to appreciate all the time we lose.

But we should enjoy our childhood because many are born every day but die instantly and don't ever have the opportunity to live, the way we do.

My childhood was a bit disastrous and sad because I didn't have the chance to have my father by my side. I was eight years old when I found out that my father was killed. After that, I learned that life is difficult but that everything is possible and that you can move on, and ahead, if you really want to.

I was 16 years old when I asked my mom to bring me to her because I wanted to meet her.

"Let me see what I can do," she told me, "because you need a lot of money for something like that."

"Okay," I said, "I'll wait for your response."

As time passed I began to realize that if I came here I would have to leave my grandmother behind. She is like my second mother, someone who gave me so much love.

Three months had passed since I first spoke with my mom about the trip, when the phone rang while I was sitting beside my grandmother in the living room. When I looked at the phone, I could see it was my mom who was calling. Feeling a little sad, I answered.

"*Hija,*" she said, "get ready because you leave on Monday."

Very surprised, I answered, "Mom, I don't want to go anymore."

"Why?" she asked.

"Because grandma is really sick and I don't know if I'm going to be able to see her again, or when I'll be able to come back."

I wasn't sure I could do it, but if I had God and grandma's help, I knew I could do it. My grandma told me that she was scared of me leaving because the journey is very dangerous. I was also very scared because I'd heard many rumors from people about women being raped on the way.

I decided to face my fate, leaving family and loved ones behind to have a new life with very different people. I left on December 18, 2015 at 1:00 A.M. That day I felt a big emptiness in my heart knowing

rentes. Salí un 18 de diciembre de 2015, a la 1:00 A.M. Ese día sentí un gran vacío en mi corazón al saber que dejaba a mi abuela. Ella me acompañó hasta el lugar donde me encontraría con "el coyote", como comúnmente le decimos en nuestros países a quienes hacen este tipo de trabajo. Pasaron aproximadamente cuatro o cinco horas cuando el señor decidió comenzar con el viaje.

Nos teníamos que ir en autobús a México. Al momento de partir, mi abuela tenía mi mano fuertemente apretada. Cuando estaba a punto de subir al autobús me susurro al oído:

—No me olvides, recuerda mis palabras, mis consejos y regaños. Llámame cuando te sientas sola, recuerda que siempre seré tu abuela, tu madre, tu confidente.

Solo vi sus ojos con lágrimas y la abracé fuertemente diciéndole:

—Claro que nunca te olvidaré, siempre estarás en mis pensamientos y haré todo lo posible por ayudarte y por poder sacarte adelante porque no tengo cómo agradecerte todo lo que has hecho por mí.

I was leaving my grandmother. She accompanied me to the place where I would meet "the coyote," how we commonly refer to people who do this type of job in our countries. After approximately four or five hours, the coyote decided it was time to begin the journey.

We had to take a bus to Mexico. When it was time to leave, my grandma was tightly squeezing my hand. As I was about to get on the bus, she whispered in my ear, "Don't forget me, remember my words, my advice, and scolding. Call me when you feel lonely, remember that I will always be your grandmother, your mother, your confidante."

All I saw were her tearful eyes, and I hugged her tightly while saying,

"Of course I will never forget you, you will always be in my thoughts and I will do everything possible to help you, and pull you ahead, because there's no way I can ever thank you for everything you've done for me."

Hija, ¿aún te quieres ir?

Cada mañana abría mis ojos y veía el resplandor del sol, escuchaba un "buenos días" de mi madre . . . se sentía tan hermoso convivir en familia.

Los consejos y todo el amor que mi madre tenía con sus hijos eran únicos. Recuerdo muy bien cuando ella me llamaba de cariño "mi niña, la niña de mis ojos". Cómo la recuerdo a ella y a todo el amor que me ha brindado. ¡Yo amo a mi madre!

Mi infancia fue triste, pero a la vez muy bonita. Aunque crecí sin el amor de un padre, mi madre tuvo el coraje y el valor para hacer el papel de padre y madre a la vez. Para mí, mi mamá es una guerrera y una luchadora. Ella daría su vida por la de sus hijos.

Desde los siete años, siempre he tenido el deseo de ser doctora y sé que lograré ese sueño porque tengo a mi madre como mi inspiración.

Un día, ocurrió algo muy triste. Mi tía, la hermana de mi madre, y su esposo, fueron asesinados. Eso fue muy, muy duro. Fue como sentir que mi corazón se había parado. Eso fue muy duro y triste para mi madre. Cayó en depresión, no quería hablar con nadie. Yo me sentí muy triste porque, a partir de entonces, en mi casa solo había tristeza y desolación. Ya no había más abrazos ni "buenos días" de mi madre.

Pasaban los días, el tiempo, y mi madre seguía sumida en la depresión.

Una noche, unos sujetos desconocidos llegaron a nuestra casa y tocaron fuertemente a la puerta. Esto nos despertó. Mi madre estaba muy nerviosa, pero pudimos mantenernos en silencio. La noche se sintió muy larga, pero gracias a Dios no nos pasó nada, aunque a la mañana siguiente estábamos muy desveladas ya que el miedo no nos

Daughter, Do You Still Want to Go?

Every morning, I opened my eyes and saw the brightness of the sun, heard a "good morning" from my mom . . . It felt so good to live with family.

The advice and all of the love my mom gave to her children was one of a kind. I remember so well when she used to call me *"mi niña, my little girl, la niña de mis ojos,* the apple of my eye." How I remember her and all the love she has given me. I love my mother!

My childhood was sad, but beautiful at the same time. Even though I grew up without the love of a father, my mother had the passion and courage to play the role of father and mother at the same time. To me, my mom is a warrior and a fighter. She would give her own life for her children.

Since I was seven, I have always dreamed of becoming a doctor, and I know I will realize my dream because I have my mom as my inspiration.

One day, something very sad happened. My aunt, my mom's sister, and her husband were killed. That was very, very hard. It was like my heart had stopped beating. That was really hard and sad for my mom. She fell into a depression, didn't want to talk to anybody. I was sad because, from that moment on, my house was full of only sadness and grief. There were no more hugs or "good mornings" from my mom.

Days passed, time passed, and my mom remained sunk in depression.

One night, two strangers knocked loudly at our door. This woke us up. My mom was very nervous, but we were able to keep silent. The night felt so long, but thank God, nothing happened to us, ex-

había permitido dormir nada. Entonces le dije a mi madre que yo ya no quería estar ahí porque tenía mucho temor.

Ella me dijo:

—Ay, hija, ¿y qué harás al respecto? Habla con tu padre a ver qué te dice él.

Hablé con mi padre y le expliqué los motivos por los cuales yo ya no quería estar más en mi país. Pero había un motivo del que no le hablé. Yo quería venir a Estado Unidos porque quería conocer a mi padre, ya que yo estaba muy pequeña cuando él se vino a este país. Él me dijo que iba a ver qué podía hacer para poderme traer con él.

Pasaban los días y yo no recibía respuesta alguna de si me iba o no, pero yo seguía insistiendo.

Hasta el día de hoy, tengo bien presente los momentos que pasaba con mi madre. Recuerdo aún esa tarde de un 23 de abril, cuando estábamos mi madre y yo solas. Yo, le hacía diferentes peinados mientras le contaba chistes de *El Chavo del Ocho*. Ella solo reía mucho. Me encantaba pasar tiempo así con mi madre.

De repente, sonó el teléfono. Yo muy ansiosa corrí a contestar. Era mi padre. Me preguntó si yo aún quería hacer el viaje a lo cual yo respondí "Sí".

—Okey, hija —me dije— tu viaje será mañana.

Eso yo no lo esperaba, ya que ese día yo estaría cumpliendo mis 15 años. Era tan triste pensar que no pasaría ese día con mi familia. Esa no fue una buena noticia para mi madre. Ella se veía enojada y triste.

Pasó la tarde, llegó la noche y mi madre no me hablaba. Ella seguía triste, angustiada. Esa noche no dormí de la emoción. En ese momento no sabía lo duro que sería la despedida, mucho menos me podía imaginar lo duro que sería el viaje.

Llegó el día del viaje. Me levanté muy temprano y de inmediato me acerqué a mi madre y le dije,

—Mami, tú sabes que te amo.

Ella con una leve tristeza me dijo,

—Hija, ¿estás segura que te irás?

—Sí, madre —le dije— ¿y sabes algo? Tú serás ese motivo por el cual yo voy a luchar, a triunfar, a soportar todo.

cept that the next morning we were tired since the fear didn't let us sleep at all. I then told my mom that I didn't want to live here anymore because I was really scared.

She said, "*Ay, hija,* and what are you going to do? Talk to your father and see what he has to say."

I talked to my father, explained to him why I didn't want to live in my country anymore. But there was one reason I didn't say. I wanted to come to the United Stated because I wanted to know my father; I was very young when he left to come to this country. He told me he would see what he could do to try to bring me to live with him.

Days passed and I got no response about whether I was leaving or not, but I kept insisting.

Until this day, I have every moment that I shared with my mom very present. I still remember that afternoon of April 23, when my mom and I were alone. I was giving her different hairstyles while telling jokes about the kid show *El Chavo del Ocho.* She just laughed a lot. I loved to spend time like that with my mom.

Suddenly, the phone rang. I anxiously ran to answer. It was my father. He asked if I still wanted to make the trip to which I responded, "Yes."

"Okay," he said, "your trip will be tomorrow."

I wasn't expecting that, since that day I was turning 15. It was so sad to think I wasn't going to be able to spend that day with my family. That wasn't good news for my mom. She looked angry and sad.

The afternoon passed, night came, and my mom wouldn't talk to me. She remained sad and anxious. That night I couldn't sleep because of the excitement. At that moment, I didn't know how hard the goodbyes were going to be, much less how hard the trip would be.

The day of the trip came. I got up very early and immediately went to my mom and said, "Mami, you know I love you."

She looked at me slightly saddened and said, "*Hija,* are you sure you're going?"

"Yes, Mom," I said, "and, you know what? You are going to be the reason for me to fight, to succeed, to endure everything."

Comencé a prepararme para cuando vinieran a recogerme. Mientras lo hacía, observaba a mi madre, triste, angustiada. Llegó el momento de decir adiós, así que salí de la casa. Mi madre con tristeza me preguntó,

–Hija, ¿aún te quieres ir?

Yo asentí mientras le decía,

–Es hora de irme.

Ella no quiso abrazarme. No podía contener sus lágrimas y en ese momento me dijo unas palabras que aún resuenan en mis oídos y que llevo grabadas muy dentro de mi corazón:

–Hija, que te vaya bien. Perdóname por no haberte celebrado tu fiesta de quince años como tú siempre lo soñaste. Solo te pido que nunca te olvides que aquí dejas a tu madre, la mujer que te vio nacer, que, aunque estés lejos, siempre vas a ser "mi niña pequeña". Llévate contigo los recuerdos. Siempre lucha, nunca te des por vencida. Yo confió en ti.

Yo no tuve palabras. Solo pude decir:

–Adiós, mami, te llevo dentro de mí.

Y me fui. Ella no dejó de mirarme con ese rostro triste.

Fui a la casa de mis abuelos y ahí estaban también mis tías junto con mis abuelitos queridos. Todos me miraban como diciendo ¿lo logrará?

–Hija –me dijo mi abuela– nunca mires hacia atrás, tú eres fuerte, sigue adelante. Yo te admiro mucho. ¡Nunca mires atrás! ¡Suerte!

No sé qué me pasó que no podía decir palabra alguna, solo abracé a mi sobrino.

Llegaron a recogerme y de repente vi a mi madre, sosteniéndose en el portón. La miré con ojos de amor, como siempre la miraba y ella solo me dijo:

–¿Aún te quieres ir?"

I started to get ready for when I'd get picked up. While I did, I observed my mom sad, anxious. The moment to say goodbye came, so I went outside. My mom asked me with sadness, "*Hija,* do you still want to go?"

I nodded as I said, "It's time for me to go."

She didn't want to hug me. She couldn't hold back her tears, and in that moment she said some words that still resonate in my ears and that are engraved deep in my heart:

"*Hija,* have a safe trip. Forgive me for not celebrating your 15th birthday the way you always dreamed. All I ask is that you never forget that you're leaving your mother here, the woman who gave you life, and that, even though you might be far, you will always be 'my little girl.' Take with you all the memories. Always fight, never give up. I trust you."

I didn't have words. I could only say, "Goodbye, *Mami.* I'll always have you with me."

And I left. She didn't stop looking at me with a saddened face.

I went to my grandparents' home, where my aunts were with my beloved grandparents. Everyone looked at me as if asking, Will she make it?

"Hija," my grandmother told me, "never look back, you are strong, keep going forward. I admire you very much. Never look back! Good luck!"

I don't know what happened to me, I couldn't speak. I just hugged my nephew.

They came to pick me up, and suddenly I saw my mom holding on to the door. I looked at her with love, the way I always do, and she only said, "Do you still want to go?"

Tenía que hacerlo

Mi niñez fue lo mejor de mi vida porque pasé momentos inolvidables con mi familia. Lo más hermoso de todo es que tengo unos abuelos maravillosos y que, aunque uno de ellos ya no está conmigo, sé que me cuida desde el cielo.

A los 15 años decidí venirme a los Estados Unidos, por los problemas que había en mi país y porque deseaba tener una vida mejor. En el camino sufrí mucho. Nunca me imaginé que iba a ser tan duro. Caminé mucho, casi no comí y aguanté mucho frío. Dormí en el monte, tomé agua de charco, la cual me daba asco, pero si quería mitigar la sed, tenía que hacerlo. Lo único que me daba fuerza era pensar que pronto estaría con mi mamá. Tenía ya 12 años de no verla y de no darle un abrazo.

Pero al cruzar tuve que entregarme a inmigración. Gracias a Dios, allí me cuidaban y me daban de comer. Después, en un albergue, hice muchos amigos. Ahí fue donde me dieron la noticia de que me enviarían a dónde estaba mi madre. Yo, muy emocionada, solo le di gracias a Dios.

Cuando llegué aquí, me sentía sola porque mis abuelos me hacían falta y también porque no estaba acostumbrada a vivir en otro país. A veces me daba tristeza porque no me podía comunicar con otras personas. Ellas me hablaban, pero yo no les entendía.

Cuando llegue acá, todo era tranquilo. Al mes de haber llegado, mi padrastro, el esposo de mi mamá, comenzó a portarse diferente, de una manera que no me gustaba. Cuando comencé a ir a la escuela, comenzó a decirme que los hijos de él con mi madre eran mejores porque ellos eran americanos y hablaban inglés. También le decía a mi mamá que yo no la quería, que era una hija muy mala, que me mandara para un albergue. Hubo ocasiones en que me amenazó.

I Had to Do It

My childhood was the best time of my life because I spent unfor-gettable moments with my family. The most beautiful of all is that I have wonderful grandparents, and that even though one of them is no longer with me, I know he takes care of me from heaven.

When I was 15 years old, I decided to come to the United States, because of the problems in my country and because I wished to have a better life. On the way, I suffered a lot. I never imagined it would be so hard. I walked a lot, barely ate, and suffered cold. I slept in the mountains, drank water from a puddle, which disgusted me, but if I wanted to quench my thirst, I had to do it. The only thing that gave me strength was the thought that soon I'd be with my mother. It had been 12 years of not seeing her and not being able to give her a hug.

But once I crossed, I had to turn myself in to immigration. Thank God, they took care of me there, gave me food. Later, in a shelter, I made many friends. That's where they gave me the news that they were going to send me to where my mother was. Excitedly, I just thanked God.

When I first arrived here, I felt lonely because I missed my grand-parents and I wasn't used to living in another country. Sometimes I would feel sad because I couldn't communicate with other people. They would talk to me but I couldn't understand them.

When I first arrived, everything was calm. A month after my ar-rival, my stepfather, my mother's husband, began to act differently, in a way that I didn't like. When I started school, he started to tell me that his children with my mom were better than me because they were American and spoke English. He also told my mom that I

A mí me daba mucha tristeza. Mis compañeros de clase me preguntaban qué me pasaba porque algunos me veían llorar y a veces no comía nada. Sentía una tristeza inmensa en mi pecho al saber que había sufrido mucho para poder estar en este país y todo solo para aguantar los gritos e insultos de mi padrastro y las peleas con mi mamá. Aguanté todo esto con mucho dolor.

Al año, recibí la noticia más dura para mí. Mi abuelo, la persona con la que había vivido toda mi niñez, había muerto. Él para mí no había sido solo un abuelo; para mí, él fue un padre.

Sentí que mi alma poco a poco se desvanecía.

didn't t love her, that I was a bad daughter, and that she should just send me to a shelter. There were times when he threatened me.

This made me very sad. My classmates would ask me what was wrong because they'd see me cry and sometimes I wouldn't eat a thing. I felt an immense sadness in my chest knowing I had suffered so much just to get to this country, only to have to endure the shouts and insults from my stepfather and fights with my mother. I endured all of this with much pain.

A year later, I received the hardest news of my life. My grandfather, the person whom I'd lived with my entire childhood, had passed away. For me he hadn't simply been my grandfather, he'd been a father.

I felt my soul fade bit by bit.

Hijo, ¿y si ya no te vuelvo a ver?

Aprendí que un tropezón no es una caída.

Que todo en la vida vuelve.

Que no hay mal que por bien no venga.

Que, con voluntad y esfuerzo, todo resulta más fácil.

Que lo más valioso del mundo es la familia y los amigos verdaderos.

Que no se llora a quien no te valora.

Que, por más tropezón, caída, obstáculo, o barrera que se interponga en el camino, el objetivo es levantar la cabeza y seguir.

Tu mundo es tu sueño.

Adelante.

≈

Soy ▬▬▬▬▬▬▬▬, un inmigrante más en esta gran nación. ¿Quieren saber mi historia? Bien, se las voy a contar.

Mi madre estaba embarazada de mí, tenía cuatro meses de embarazo y mi hermana mayor tenía un año de edad. Mi madre se encontraba en la casa y mi padre estaba trabajando. Ese día, el patrón de mi papá le dijo:

–Véte a casa con tu esposa e hija.

A lo que mi padre, feliz, contestó que "sí".

En ese instante, un cargamento de café estaba por salir y mi padre decidió viajar en ese camión de regreso a casa. Cuando el camión estaba cerca del lugar donde vivía mi padre, él golpeó la puerta del camión para pedirle al chofer que parara. Mi padre cayó y se golpeó fuertemente la cabeza con un paredón cuando el chofer frenó bruscamente, ya que éste, iba manejando a exceso de velocidad. El chofer se bajó del camión y llamó rápidamente a una ambulancia. Mi padre estaba inconsciente.

La ambulancia lo traslada de inmediato al hospital de la capital. Él

Son, and What If I Don't See You Again?

I learned that a stumble is not a fall.

That everything in life comes back.

That no bad comes without good.

That, with will and effort, everything is easier.

That the most valuable thing in the world is your family and true friends.

That you don't cry for someone who doesn't appreciate you.

That no matter how hard the stumble, fall, or obstacle that gets in your way, the objective is to lift your head and keep going.

Your world is your dream.

Onward.

～

I am ▬▬▬▬▬▬, one more immigrant in this great nation. Do you want to know my story? Okay, I'll tell you.

My mother was pregnant with me, four months along, and my older sister was one-year-old. My mother found herself at home and my father was working. That day, my father's boss said to him, "Go home to your wife and daughter," to which my father, cheerful, replied with a "yes."

At that moment, a coffee cargo truck was about to leave and my father decided to take that truck back home. When the truck was close to where my father lived, my father hit the truck's door to signal the driver to stop. My father fell and hit his head hard on a wall after the driver, who was speeding, abruptly hit the brakes. The driver got out of the truck and quickly called an ambulance. My father was unconscious.

The ambulance quickly took him to the hospital in the capital.

no da ninguna señal de mejora. Mi padre queda en estado de coma, respirando gracias a un aparato al que lo han conectado.

Transcurre casi un mes y él sigue en coma. Era un golpe muy duro para mi madre y mi abuela, la mamá de mi papá.

Al mes del accidente, él reaccionó. Despertó de la coma, pero tristemente, su corazón no estaba funcionando bien así que tuvo que permanecer conectado a un aparato que le ayudaba a respirar. Al principio, él no hablaba. No conocía a nadie. Había quedado como loco.

Estuvo hospitalizado por tres meses para ver si mejoraba, pero no, él seguía como el día en que había despertado de la coma. Ver a mi padre así era muy duro para mi madre y mi abuela. Ellas estaban destrozadas.

Pasaron tres meses y lo dieron de alta. Mi madre decidió llevarlo a casa de mi abuela. Mi padre actuaba raro porque no conocía a nadie. Mi madre y mi abuela le mostraban fotografías para tratar de ayudarlo con su memoria y pudiera recordarlas, pero nada funcionaba. Él no quería ni estar con ellas, puesto que no las reconocía.

Entonces comenzaron a llevarlo con un psiquiatra. Lo llevaban tres veces por semana. El doctor le mostraba fotografías de mi madre y de mi hermana, al igual que hacían mi madre y mi abuela, pero él solo se ponía a reír cuando esto sucedía. Al mes de estar yendo a las terapias, el mostró mejoría; al segundo mes, mucho más; y al cuarto mes de terapia, él estaba totalmente recuperado. Por fin podía recordar todo, gracias a Dios.

~

Mañana del 3 de mayo del 2000. Mi madre empieza a sentir dolores de parto. Estaba a punto de dar a luz a este chico que ahora escribe y lee esta historia. A ella la llevan rápidamente al hospital porque no aguantaba más los dolores.

A las 2:45 nace este niño. Y ahora, con la edad que tengo, me siento feliz de que haya sido mi padre quién me cargara por primera vez, a quién, si no hubiera sido por la ayuda de Dios, no hubiera conocido. Él estaba muy contento conmigo porque siempre había querido tener un hijo varón, y ahora ya lo tenía. Él quiso que me llamara como él, ███████████. Yo, cada vez que él cumple años, le doy gracias a Dios por haberme permitido conocer a mi padre al cual amo con toda mi vida y al cual extraño mucho.

He gives no sign of recovery. My father falls in to a coma, breathing only through a machine they've connected him to.

Almost a month goes by and he is still in a coma. It was a great hardship for my mom and grandmother, my dad's mom.

A month after the accident, he reacted. He woke from the coma, but sadly, his heart was failing and he had to remain connected to a machine to help him breathe. In the beginning, he didn't speak. He didn't know anybody. He was somewhat crazy.

He remained hospitalized for three months, with hopes he'd improve, but he didn't, he was in the same state as when he first woke from the coma. It was so hard for my mom and my grandma to see him like that. They were devastated.

After three months, he was discharged. My mom decided to take him to my grandma's house. My dad acted weird all the time because he didn't recognize anyone. My mom and my grandma showed him photographs to help him remember, but nothing worked. He didn't even want to be with them because he didn't recognize them.

So then, they took him to a psychiatrist. They'd take him three times a week. The doctor showed him pictures of my mom and sister, just like my mom and grandma did, but all my dad did was laugh. After a month of therapy, he started to show improvement; by the second month, much more; and, after four months of therapy, he was fully recovered. He could finally remember everything, thank God.

∽

Morning of May 3, 2000. My mom began to feel contractions. She was about to give birth to this young man who is now writing and reading this story. She's taken to the hospital right away because she couldn't take the pain any longer.

At 2:45 this boy was born. And now, as old as I am, I am really happy that my father was the first person to hold me in his arms; the man, whom without God's help, I never would have met. He was very happy with me, he'd always wanted a son and now he finally had one. He wanted to name me after him, ███████████. Every year, on his birthday, I thank God for allowing me to have met my father, whom I love with all my life and miss very much.

~

18 de septiembre de 2015. Fecha que nunca olvidaré. Ese día fue el más triste de mi vida ya que mi tía le había dado la noticia a mi mamá un día antes, de que mi madre y yo íbamos a viajar a los Estados Unidos. Mi sueño nunca había sido venir a los Estados Unidos. Yo me sentía bien en mi país y no me quería alejar de mi familia.

17 de septiembre del 2015 (un día antes). Mi madre me dice:

—Hijo, tu tía habló para decirme que tú y yo vamos a viajar mañana.

Yo quedé en shock. Solo me quedé pensando en lo que pasaría. Yo no me quería ir, pero tampoco quería dejar que mi madre viajara sola. Le dije:

—Está bien madre, todo sea por una mejor vida para mi padre y mis hermanas.

Yo salí y fui a ver a mi padre para decirle que me iba para los Estados Unidos. Él se puso muy triste y con lágrimas en los ojos me dijo:

—Mi viejo, yo te amo y no quiero que te alejes de mi lado. Eres mi único varoncito y no quiero que te vayas.

Yo, con lágrimas en mis ojos, le dije:

—Padre, yo te amo, pero no tengo más opción que irme con mi madre, para darles una mejor vida a ti y a mis hermanas.

Él me respondió:

—Hijo, ¿y si ya no te vuelvo a ver?

Me puse a llorar y no le dije nada más, solo me fui a casa. Me sentía muy triste con la noticia de que iba a viajar. No pude ni dormir solo de pensar que me venía para los Estados Unidos.

A la mañana siguiente, el día 18, fui a despedirme de mi padre. Llegué a su casa y lo encontré muy triste. Con lágrimas en sus ojos, me dice apenas me ve:

—Hijo, te voy a extrañar. Te llevas una parte de mí. Espero volver a verte algún día. Dios te guarde tu camino, hijo. Te amo.

Yo no le pude decir nada. Solo se me hizo un gran nudo en la garganta. Al final, solo le dije:

—Padre, te amo. Adiós.

Fue muy difícil dejar a mi padre y luego tener que despedirme de mis hermanas. Eso fue algo muy difícil, tanto para ellas como para mí.

≈

September 18, 2005. A date I will never forget. That was the saddest day in my life; my aunt told my mother that she, my mom, and I would be traveling to the United States. My dream had never been to come to the United States. I was fine in my country and I didn't want to move away from my family.

September 17, 2005. (The day before.) My mother says to me, "Son, your aunt called to say that you and I are traveling tomorrow."

I was in shock. All I could think was what could happen. I don't want to go but I also didn't want my mom traveling alone. I said, "Okay, Mom. Let it all be for a better life for my dad and sisters."

I went to see my dad to tell him I was leaving for the United States. He got really sad and with tears in his eyes said to me, "My boy, I love you, I don't want you to leave my side. You are my only son, and I don't want you to go."

With tears in my eyes, I said to him, "Dad, I love you but I have no choice but to leave with Mom, to give you and my sisters a better life."

He replied, "Son, and what if I don't see you, again?"

I began to cry and didn't say anything else. I just went home. I was really sad with the news about my traveling. I couldn't sleep just thinking about how I was coming to the United States.

The next morning, on the 18th, I went to say goodbye to my dad. I got there and found him very sad. With tears in his eyes, he said to me as soon as he saw me, "Son, I am going to miss you. You're taking a part of me with you. I hope to see you again, someday. May God guide your way, son. I love you."

I couldn't say anything to him. The only thing I felt was a big knot form in my throat. Finally, I said, "Dad, I love you. Goodbye."

It was very hard to leave my father and then go to say goodbye to my sisters. That was something very hard, for them and for me.

HISTORIA CINCO
Tan anhelado reencuentro

Cuando mi viaje comenzó . . .

Fue un día sábado, 5 de abril de 2014. Todo fue tan confuso, triste, pensativo y a la vez alegre debido a que emprendía mi viaje a los Estados Unidos para reunirme con mis padres y familia. La hora de la despedida llegó. Ahí estaban mis tíos, prima y abuela en la casa. Todos me deseaban que llegara con bien, me dijeron que no tuviera miedo, que iban a orar por mí y que Dios me cuidaría. Nos abrazamos, y con lágrimas en los ojos, le dije adiós a mi primita que tanto quiero.

Salimos hacia San Miguel donde estaría esperándome el hombre que me traería a Estados Unidos. En San Miguel compré un celular para poder comunicarme con mi familia en el viaje y ahí estaba aún mi abuela conmigo. Ella me abrazó y me preguntó si estaba segura de quererme venir, que si no lo estaba, aún podía decidir, porque ella me vio que estaba muy triste, que no podía dejar de llorar. Pero al final, siempre decidí venirme.

El hombre llegó por mí. Ahí tuve que despedirme de mi abuela. Fue de lo más triste de mi vida, ya que había vivido toda mi vida con ella. Abracé a mi abuela llorando y ella me dijo que todo iba a estar bien, que muy pronto estaría con mis padres y que siempre confiara en Dios.

Me subí al carro. Ahí estaban dos niñas. Ellas también lloraban y me vieron llorar todo ese rato, como una hora. No podía dejar de llorar. Luego nos dijimos nuestros nombres: una se llama Rosy y la otra Meyri. Ellas fueron muy amables. En ese momento, no sabía qué sería con ellas que me llevaría tan bien. Después, en otro lugar, se subió una señora con su hija, que también estarían todo el viaje con nosotras.

Nos llevaron a una estación donde esperaríamos un bus para llegar a Guatemala. Pasamos de bus en bus, como cinco buses, para poder

A Longed-for Reunion

When my story began . . .

It was Saturday, April 5, 2014. Everything was so confusing, sad, thoughtful, and even joyful, since I was embarking on my journey to the United States to be reunited with my parents and family. The hour to say goodbye came. My uncles and cousin and grandmother were home. Everyone wished I arrive safely, told me not be afraid, that they would pray for me, and that God would take care of me. We hugged, and with tears in our eyes, I said goodbye to my little cousin who I love so much.

We left for San Miguel, where the man who would bring me to the United States would be waiting. In San Miguel I bought a cell phone to be able to communicate with my family on the trip; my grandmother was still with me. She hugged me and asked if I was sure about wanting to come, that if I wasn't, I could still decide, because she saw I was very sad, that I couldn't stop crying. But in the end, I decided to come after all.

The man came for me. I had to say goodbye to my grandmother right there. It was one of the saddest moments in my life, especially since I'd lived my entire life with her. I hugged my grandmother crying, and she told me everything would be okay, that very soon I'd be with my parents, to always trust in God.

I got in the car. There were two girls on board. They were also crying and they saw me cry for a good while, like an hour. I couldn't stop crying. Later we shared our names: one was named Rosy and the other Meyri. They were very kind. At the time, I didn't know I'd get along with them so well. Later, at another location, a woman and her daughter got in; they would also be with us the entire journey.

llegar a fronteras de Guatemala. Cuando nos bajamos del último bus nos dijeron,

–Corran porque la policía viene y los pueden agarrar.

En ese momento sentí miedo, angustia en que la policía nos agarrara. Corrimos y las niñas y yo ayudamos a la señora con su niña porque su mochila pesaba mucho y ella no podía correr así.

Ahí llegamos a una casa donde pasaríamos la noche. Había muchos niños y adultos. Cuando estaba ahí me sentía más tranquila, aunque no podía dejar de pensar en mi familia que había dejado. Me sentía muy mal. Pensaba, pensaba y más pensaba en ellos y decidí llamarle a mi abuela para contarle que estaba bien. Hablé un momento con ella, nada más. Me sentía tan mal de haber dejado a mi abuela y abuelo.

Al terminar de hablar con mi abuela, donde estaban las niñas, ahí conocí a más niños muy agradables. Platicamos un buen rato antes de dormirnos. Como a las 11:00 de la noche nos dijeron a todos que tendríamos que dormirnos porque al siguiente día saldríamos muy temprano. Y pues nos acomodamos en el piso a dormir. Pero yo no podía dormir por estar pensando tantas cosas: pensaba y le pedía a Dios a cada momento que nos cuidara a los que íbamos en el viaje, que todo saliera bien, que nunca se apartara de nuestro lado. Luego de eso pude dormir un poco.

Como a las tres de la madrugada nos despertaron para bañarnos y que después seguiríamos nuestro viaje. Ya como a las 4:39 A.M. o 5:00 A.M., salimos caminando a dónde estarían unos microbuses esperándonos. Nos dijeron que no hiciéramos nada de ruido por la policía, y así fue. Nos subimos al microbús. Ahí íbamos muchas personas. Después nos bajamos en un lugar solo donde nos dijeron que esperaríamos un bus. Entonces nos quedamos un momento y como era de madrugada se sentía mucho frío.

Como a los diez minutos, nos subimos al bus. Ese bus nos llevó hacia otro lugar de Guatemala. Estuvimos un buen rato en el bus. Después nos bajamos y tomamos unos taxis y nos llevaron a un hotel donde estaríamos un día. Llegamos y a los niños y mujeres nos pusieron en un cuarto y a los hombres en otro. En el cuarto que estábamos había una

They took us to a station where we would wait for a bus headed to Guatemala. We went from to bus to bus, riding like five buses, to get to Guatemala's border. When we got off the last bus, they told us, "Run, the police are coming and they can catch you."

At that moment I felt fear, anguish that the police could get us. We ran and the girls and I helped the woman with her daughter because her backpack weighed a lot and she couldn't run with it.

We came to a house where we would spend the night. There were many children and adults. When I was there I felt more at ease, even though I still couldn't stop thinking about the family I'd left behind. I felt awful. I thought, thought, and thought more about them and decided to call my grandmother to tell her I was alright. I spoke with her for only a moment. I felt awful about having left my grandmother and grandfather.

After talking with my grandmother, I went over to the girls and met other nice kids. We talked for a good while before going to sleep. At about 11:00 P.M. they told us we had to go to sleep because we'd be leaving early the next morning. So we got settled to sleep on the floor. But I couldn't sleep thinking about so many things: I thought and asked God at every moment to take care of all of us on the journey, for everything to turn out fine, that he never leave our side. After that, I slept a bit.

Around 3:00 A.M., they woke us up to shower and then continue with the trip. At about 4:39 A.M. or 5:00 A.M., we walked to some microbuses waiting for us. They told us not to make noise because of police, and so we didn't. We got on the bus. There were many people on board. We then got off at this lonesome place where they told us we'd wait for a bus. We then waited for a while, and since it was early dawn, it was cold.

About ten minutes later, we got on a bus. That bus took us to another place in Guatemala. We were on the bus for a long while. Later, we got off and took some taxis to the hotel where we'd stay for a day. We arrived and they placed us children and women in one room and the men in another. In the room we were in there was a television; they turned on cartoons, but it was hard to hear

televisión; ahí pusieron caricaturas, pero no se podía escuchar muy bien porque había muchos niños. Muchas veces nos llegaron a callar porque la policía estaba cerca y podía llegar a escuchar el ruido.

Al rato de estar ahí nos llevaron comida, pero en ese momento no sentía mucha hambre y comí solo un poco. Nos sentamos con las niñas. Estábamos platicando acerca de nuestras familias. Ahí estaba otro niño, que se llama Kevin, con sus hermanas. Se hicieron amigos con nosotras. Al siguiente día, salimos hacia las fronteras de Guatemala y México. Cuando estábamos ahí nos dijeron que si queríamos lavar nuestra ropa que lo hiciéramos. Y así fue, nos pusimos a lavar la ropa y luego a secarla. Pasamos la noche en ese lugar.

En la mañana, salimos rumbo a México pero nos dijeron como éramos muchos niños tendríamos que rodear e irnos por el monte, el camino era muy feo, ahí había muchos charcos y teníamos que saltar. En uno de esos charcos no pude dar bien el salto y caí, mis zapatos se ensuciaron y seguimos caminando aunque mi pie me dolía por el golpe. Pero al final, salimos de ahí y luego tomamos un bus y llegamos a una casa en México, donde pude lavar mis zapatos. Recuerdo que después de eso estuvimos un buen rato, todos platicando. Andábamos mucha hambre, pero nos dijeron que teníamos que esperar al otro grupo y nos dieron unos churros con soda.

Cuando estábamos ahí, como era un lugar muy solo, todos, un momento de la noche, pudimos salir y platicar. Yo solo miraba al cielo que se miraba tan lindo con sus estrellas y la luna. Ahí Rosy me dijo,

—███████████, mira hacia ahí, qué linda estrella.

Entonces la miré. Me sentía tan bien en ese momento mirando las maravillas de la naturaleza.

Como a la una de la madrugada nos llevaron comida, que eran unos tacos. Comimos y nos acostamos. Salimos al siguiente día a otro lugar de México, donde esperaríamos para cruzar el Río Grande para llegar a Estados Unidos. Nos subimos a un bus donde fuimos varias horas. Luego nos bajamos y cuando iba bajando una señora y un señor nos dijeron:

—Que Dios los bendiga. Esperamos que puedan llegar pronto con bien.

because there were so many kids. Many times they told us to shut up because the police were nearby and they could hear the racket.

Sometime later, they brought us food, but I wasn't very hungry and just ate a little bit. I sat with the girls. We were talking about our families. There was another kid—his name was Kevin—with his sisters. They became our friends. The next day we left for the borders of Guatemala and Mexico. Once there, they told us if we wanted to wash our clothes, to do it. And so we did, we started washing our clothes and drying them. We spent the night at that place.

In the morning, we left for Mexico but they told us that since there were a lot of us kids we had to go around and through the mountain; that the road was ugly, with lots of puddles we had to jump. At one of those puddles, I couldn't clear the jump and fell, my shoes got dirty and we kept walking even though my foot hurt. But in the end, we made it out of there and took a bus to a house in Mexico, where I was able to clean my shoes. I remember after that we all talked for a good while. We were very hungry, but they told us we had to wait for the other group. They gave us some *churros* with soda.

While we were there, since it was a remote place, we all had some time to step outside and talk. I just looked at the sky that appeared so beautiful with its stars and the moon. There, Rosy said to me, "█████████████, look there, what a beautiful star."

I then looked at it. I felt so good at that moment, gazing at nature's wonders.

At about 1:00 A.M. they brought us food: tacos. We ate and went to sleep. We left the next morning to another place in Mexico, where we'd wait to cross the Rio Grande to get to the United States. We got on a bus for hours. We then got off and as I was getting off a woman and man said, "God bless you. We hope you arrive safely."

I felt good with their words. We then came to a warehouse. There, we'd wait to cross the river.

When I'd think about having to cross the river, I'd get very scared because I'd heard that in that river many people have died. In the

Me sentí bien con las palabras de ellos. Luego llegamos a una bodega. Ahí esperaríamos para poder cruzar el río.

Cuando pensaba en que tendría que cruzar el río me daba mucho miedo, porque había escuchado que en ese río han muerto muchas personas. Al atardecer estaba con Rosy y Meyri platicando, cuando llegó un muchacho que era amigo de nosotras. Él era bien agradable y le gustaba hacer muchas payasadas. Nosotras nos reíamos de las locuras que decía, al menos él siempre tenía algo chistoso que decir. Era muy positivo y nos alegraba el rato.

Llegó la noche. Rosy tenía una biblia y le dije si me la podía prestar y ella me dijo que sí. Entonces me puse a leer la biblia. Cuando estaba leyéndola, me sentía muy bien al leer la palabra de Dios y le pedía que todo saliera con bien y que pudiéramos pasar con bien el río porque, en ese momento, era a lo que más temor le tenía.

El siguiente día, nos levantamos y comimos. Al rato me bañé, cuando iba saliendo de bañarme estaba por una pila y nos dijeron:

—¡Corran! ¡Vienen los soldados!

Salimos corriendo a escondernos. Como en ese momento andaba sandalias no podía correr bien, así que me las quité y seguí corriendo. Pero sentía que me lastimaba porque había espinas, pero seguí hasta llegar a un lugar en el que nos pudimos esconder. Entonces me lastimé un poco mis pies. Como a los 15 minutos nos dijeron que saliéramos y volviéramos a la bodega y así lo hicimos. Cuando llegué, ahí comencé a quitarme las espinas pero eran muchas y me dolían. Ya al rato de eso, la hora de cruzar el río llegó.

Nos llevaron en carro al río. Ahí nos subieron a unos neumáticos, me dijeron:

—Súbete.

Solo miré al cielo y le pedí a Dios que nos cuidara. Nos dijeron:

—No se muevan porque esto se puede dar vuelta.

Pero como iban muchos niños, algunos se movían mucho y yo solo cerraba mis ojos porque parecía que ya se daba vuelta. Gracias a Dios no fue así. Nos bajamos del neumático. Como a los cinco minutos de haber cruzado el río, los de migración nos agarraron. Entonces nos llevaron en un carro hacia las hieleras.

afternoon I was talking with Rosy and Meyri, when a guy who was a friend of ours showed up. He was very friendly and liked to clown around. We laughed at the silly things he'd say; at least he always had something funny to say. He was very positive and he brightened up the moment for us.

Night came. Rosy had a bible and I asked her if I could borrow it, she said yes. So I began to read the bible. I felt very good reading the word of God, and I asked him for everything to turn out okay, and for all of us to be able to cross the river, because, at that moment, it's what I feared most.

The next day, we got up and ate. Later, I was washing up out by the sink when they told us, "Run! The soldiers are coming!"

We ran out to hide. At the time, I had on sandals and couldn't run well, so I took them off and kept running. But I felt stinging because there were thorns, but I continued until we found a place where we could hide. I hurt my feet a bit. About 15 minutes later, they told us to come out and to return to the warehouse, so we did. When we got back, I began to pull out the thorns but there were so many and they hurt. A while later, the time to cross the river had come.

The drove us to the river. There, they placed us on inflatable rafts, they said, "Get on."

I just looked up at the sky and asked God to protect us. They told us, "Don't move because this can flip over."

Since there were so many kids on aboard, some moved a lot and I just closed my eyes because it seemed we were going to flip over. Thank God, that wasn't the case. We got off the inflatable. About five minutes after crossing the river, immigration agents apprehended us. They then took us, in a car, to the coolers.

We got out of the car. They began to check our backpacks and threw out all our stuff. They said we didn't need any of that. Then they put us in a place where we would wait until we were called. They called me, took my picture and asked me my name, the name of my parents and other questions. They then told me, "Go in there."

There, was a cooler, a very cold place. They held us there for

Nos bajamos del carro. Comenzaron a revisarnos nuestras mochilas y nos botaron todo. Dijeron que no necesitábamos nada de eso. Después nos metieron a un lugar donde esperaríamos a que nos llamaran. Me llamaron y me tomaron una foto y me preguntaron mi nombre y el de mis padres y otras preguntas. Después me dijeron:

–Entre ahí.

Esa era las hieleras, un lugar muy frío. Nos tuvieron un buen rato. Me volvieron a llamar y me preguntaron el número de mi mamá. Le llamaron para decirle que me tenían ahí. Entonces me la pasaron un momento.

Casi no podía hablar, sentía un nudo en la garganta, unas ganas de llorar al escucharla. Cuando terminé de hablar con ella, el oficial me dijo:

–Ella no es tu madre porque hablaste muy poco tiempo con ella.

Eso me hizo sentir muy mal y comencé a llorar. Ese señor era muy malo. Entonces volví ahí y no paraba de llorar. Yo solo quería dormir pero habíamos muchos y no se podía. Pasaron las horas y nos llegaron a buscar para llevarnos a otra hielera. Llegamos y estuvimos otro buen rato. Estar ahí es de lo peor porque hace demasiado frío, y uno sin abrigo.

En la madrugada, como a las 3:00 A.M., nos llevaron para un centro para niñas que venían de otro país. Llegamos y nos hicieron preguntas. Luego nos revisaron el pelo y nos mandaron a bañar. Cuando terminamos de bañarnos nos dieron algo como desayuno. Como a las 6:00 A.M. nos llevaron a una habitación, nos dijeron que durmiéramos un poco. Ya como a las 7:15 A.M. nos despertaron. Nos dijeron unas de las reglas de ese lugar y que teníamos que ayudar con el oficio.

Cuando terminamos de limpiar fuimos a comer y luego miramos un rato televisión. Luego nos llevaron a ver a un doctor para ver que estuviéramos bien de salud. En la noche cuando ya todos dormían, yo solo pasaba llorando y pensando en que ya quería estar con mis padres. A la vez, me arrepentía de haberme venido al estar encerrada en ese lugar y haber dejado a mis abuelos. Aunque también pensaba en uno de los motivos por los que me venía, que era para poder estudiar, ya que en mi país tenía como un año y medio de no estudiar debido

a while. They called me again and asked me my mom's number. They called her and told her they had me there. They passed me the phone for a moment.

I could hardly speak; I felt a knot in my throat, the urge to cry as I heard her. When I was done talking, the officer said to me, "She's not your mother. You spoke for a very short time with her."

That made me feel awful and I started to cry. That man was very mean. I went back and I couldn't stop crying. I just wanted to sleep but there were so many of us I couldn't. Hours passed and they came to take us to another cooler. We arrived and were there for a long while. Being there is the worst because it is so cold, and you're without a coat.

Late at night, around 3:00 A.M., they took us to a center for girls that came from another country. Once there they asked us questions. They checked our hair and ordered us to shower. When we were done cleaning up they gave us something like breakfast. Around 6:00 A.M. they took us to a room, told us to sleep some. By 7:15 A.M. they woke us up. They told us some of the rules of that place, and said we had to help out.

When we were done cleaning we went to eat something and watched some TV. They then took us to see a doctor to check we were healthy. At night, when everyone was asleep, I just cried and wanted to be with my parents already. I also felt guilty for coming, for being locked up in that place and having left my grandparents. But I also thought about one of the reasons I came here was to be able to study since in my country it had been a year-and-a-half since I was in school, because of the violence we live through. Even though I wanted to study, I couldn't. So I began to think I could study here and, with God's help, have a better future.

At dawn, they took me back to the doctor for injections so that by the time I started school I had all the vaccinations. That was like three days straight. Approximately, I got 15 shots.

Days passed and they wouldn't tell me when I'd be going home to my parents. That stressed me out a lot. But then one Monday, they took me to the social worker and she said, "They've sent all the

a la situación de violencia que se vive en mi país. Aunque yo deseara seguir estudiando, no se podía. Entonces yo trataba de pensar que aquí podría estudiar y, con la ayuda de Dios, tener un futuro mejor.

Al amanecer me volvieron a llevar al doctor para que me inyectara para cuando entrara a estudiar ya tener las vacunas. Eso fue como tres días seguidos; aproximadamente como 15 inyecciones me pusieron.

Pasaban los días y no me decían cuándo me iría con mis padres. Eso me desesperaba mucho. Pero un día lunes, me llevaron donde la trabajadora social y ella me dijo:

—Ya mandaron todos los papeles para que te puedas ir y también el dinero para el vuelo. Te vas el miércoles en la madrugada.

Esa fue la mejor de las noticias que pude recibir ahí, era eso lo que más deseaba que me dijeran.

El martes en la noche no pude dormir de la alegría que al siguiente día me iría y estaría con mi familia. Estaba muy emocionada. El miércoles me levantaron muy temprano para que me alistara y comiera porque saldríamos muy temprano para el aeropuerto. Cuando llegamos al aeropuerto esperamos un poco y luego nos subimos al avión. Eso fue algo muy bonito, una nueva experiencia para mí, ya que era la primera vez que me subía a un avión para viajar. Como aún era de madrugada se veía algo oscuro. La hermosa luna estaba ahí alumbrando. Ya faltaba poco para el tan anhelado reencuentro.

Bajamos del avión y luego nos subimos a otro. Recuerdo que la señora que me traía me dio unos dulces, ella era muy amable. Después de unas horas en el avión, llegamos a Nueva York. Nos bajamos del avión y la señora nos dijo que el avión había llegado antes de lo previsto y nos dijo a mí, y a las otras niñas, que viéramos si mirábamos a nuestros familiares. Pero no veíamos a nadie. Yo miraba, así por todas partes, pero ni mi madre ni padre estaban ahí. Entonces ella decidió llamarles para decirles que estábamos ahí.

Seguimos caminando por el aeropuerto, dando vueltas, a ver si alguien veía a sus familiares, cuando, de repente, siento que alguien me abrazó por la espalda. Di la vuelta, era mi madre. Al verla, lloré de emoción, ya que tenía diez años de no verla y verla de nuevo era algo muy lindo.

paperwork so you can leave and the money for the flight. You leave Wednesday at dawn."

That was the best news I could get there, it was what I so wished they'd tell me.

Tuesday night I couldn't sleep from all the joy about leaving the next day and being with my family. I was very excited. Wednesday they woke me up very early to get ready and eat so we could be early at the airport. When we got there we waited a bit before getting on the plane. That was something very nice, a new experience for me; it was the first time I ever got to travel on a plane. Since it was still very early in the morning, it was dark. The beautiful moon was there illuminating. Only a short time before the longed-for reunion.

We got off the plane and got on another. I remember the woman I was with gave me candy, she was very sweet. After a couple of hours on the plane, we arrived in New York. We got off the plane and the woman said that we had landed ahead of schedule and told me, and the other girls, to look for our parents. But we didn't see anyone. I looked everywhere but neither my mom nor dad was there. The woman decided to call parents and let them know we were there.

We continued walking in the airport, doing circles, hoping someone would see their relatives, when, all of a sudden, I feel someone hug me from behind. I turned around, it was my mother. At the sight of her, I cried out of excitement, it had been ten years of not seeing her, and to see her again was something very beautiful.

We left the airport and my mom said my dad was waiting in the car because there was heavy traffic due to the rain. We got to the car and I saw my dad. At the sight of him I also cried and hugged him. In the car we talked, they asked me how I felt, and said they were happy I was finally with them and that our family would now be together. We arrived at the house and I called my grandmother to tell her I was now with my parents. She was very happy that I was with them and that I was alright.

Salimos del aeropuerto y mi mamá me dijo que mi papá nos espera-ba en el carro porque había mucho tráfico debido a la lluvia. Llegamos al carro y vi a mi papá, al verlo a él también lloré y lo abracé. En el carro íbamos platicando, me preguntaban que cómo me sentía, y que estaban alegres de que por fin estaba con ellos y que nuestra familia estaría junta. Llegamos a casa y le hablé a mi abuela para decirle que ya estaba con mis padres. Ella estaba muy feliz que ya estaba con ellos y que estaba con bien.

Al rato tocan la puerta y era mi primo, mejor dicho mi hermano con el que había convivido casi toda mi vida antes de que él se viniera. Me abrazó y me dijo que estaba alegre que por fin estaba aquí. Como a la hora llegaron mis hermanitas y primas que también estaban alegres de verme. En la noche llegaron otros familiares a verme. En ese momento pensé y le di gracias a Dios porque ya estaba con algunos de mi familia, aunque también pensaba en mis abuelos que había dejado en El Salvador.

Esa es mi historia sobre la llegada a Estados Unidos.

Later, there was a knock on the door. It was my cousin, or better yet, my brother, who I had lived with practically my entire life before he came here. He hugged me and told me he was happy I was finally here. In about an hour, my little sisters and cousins arrived and they were also happy to see me. Later in the evening, more relatives came to see me. At that moment I thought and thanked God because I was with some part of my family, even though I still thought about the grandparents I'd left in El Salvador.

That's my story about coming to the United States.

HISTORIA SEIS

Y ahora, es mi turno

Para ser honesta, no pensé que sería tan difícil vivir sin Mamá, pero desde que Mamá viajó a los Estados Unidos la vida de mi hermano y la mía cambió por completo. Mamá nos dejó con mi abuelita materna, pero, claro, cuando Papá se enteró, peleó por nuestra custodia, la cual ganó.

Nos vamos a vivir con Papá quien nos maltrataba con golpes tan fuertes que nos quedaban las marcas en nuestro cuerpo. Mi hermano y yo, día a día salíamos por la noche a mirar las estrellas con la esperanza que Mamá volvería, pero pasaban los días y nuestras esperanzas disminuían continuamente.

Todo comienza con una niña de cuatro años. Una niña como cualquiera, vivía con su papá, su mamá y su hermano, quien era dos años mayor que ella. Su nombre es ▬▬▬▬▬▬▬▬. Desde que tengo memoria, solo recuerdo golpes, maltrato y abuso de mi infancia; bueno, si es que se le puede llamar infancia.

¿Cómo era yo? Recuerdo que siempre fui una niña alegre y con sueños. Uno de mis sueños era tener la familia "perfecta". Ja, ja, ja, pero mi familia era lo contrario.

Todo empezó un día como cualquiera, bueno, más bien una noche: veo llegar a Papá borracho. Cuando lo vi tomado corrí a esconderme porque, bueno, me dio miedo, no lo niego. Papá llegó y comenzó a discutir con Mamá. Mi hermano estaba dormido, y yo, yo solo escu-chaba los gritos y el sonido de cada golpe que Papá le daba a Mamá. Yo lloré y lloré. Salí a ver qué pasaba. Nunca pensé ver lo que vi: ver como Papá golpeaba sin lástima a Mamá, y ver correr la sangre en su rostro fue duro para mí.

Mamá decide viajar a los Estados Unidos para ya no ser víctima de los golpes de Papá.

And Now, It Is My Turn

To be honest, I didn't think it would be so difficult to live without Mom, but since Mom traveled to the United States my brother's life and mine changed completely. Mom left us with our maternal grandmother, but, of course, when Dad found out, he fought for our custody, which he won.

We go live with Dad who mistreated us with blows so hard they left marks on our bodies. My brother and I go out each night to look at the stars with the hope that Mom would come back, but days pass and our hopes diminished continually.

Everything begins with a four-year-old girl. A girl like any other, she lived with her dad, mom, and brother, whose two years older than her. Her name was ▮▮▮▮▮▮▮▮▮▮▮. For as long as I can remember, I only remember blows, mistreatment and abuse in my childhood; well, that is if you can call it a childhood.

What was I like? I remember I was always a happy girl with dreams. One of my dreams was to have a "perfect" family. Ha, ha, ha, but my family was the opposite.

It all started one day like any other, well, it was more one night: I see Dad come home drunk. When I saw him drunk I ran to hide because, well, I was scared, I don't deny it. Dad came home and started arguing with Mom. My brother was sleeping, and I, I was just listening to the screams and the sound of each blow my dad landed on Mom. I cried and cried. I came out to see what was happening. I never thought I'd see what I saw: Dad hitting Mom without mercy, and seeing blood run down her face was very hard for me.

Mom decides to travel to the United States to no longer be a victim of Dad's blows.

~

Y ahora, es mi turno . . .

Al momento de llegar al río, mirando mucho movimiento de personas, esperando mi turno para cruzar y ver a niños de ocho años cruzar ese río, mis lágrimas rodaron lentamente. Mis manos heladas y mis pies cansados. Tenía mucho, mucho miedo y justamente ahí, estaba mi bebé. Sentí una patadita que me hizo llorar desesperadamente; sí, me hizo recordar cuántos peligros había recorrido en este largo camino. Me hizo recordar cuando salí de mi país, sin idea alguna de lo que iba a pasar. Recordé cuando llegando a Guatemala con mucho miedo y muy cansada sentir el dolor en mi vientre con seis meses de embarazo, con tanto miedo de perder a mi hijo, pues él era todo para mí. *¿Cómo era posible que decidí viajar a este país para darle un mejor futuro y que en ese camino lo perdiera? No, no era justo.*

Me tocó confiar, solamente confiar en Dios. Sufrí tanto en ese camino, casi pierdo a mi hijo. ¿Saben lo que eso significa? ¿Ver sangre salir de mi cuerpo sabiendo que estaba embarazada y sabiendo que mi camino aún no terminaba?

Pasé frío y hambre por dos días mientras venía en un tráiler que estaba súper helado. Veníamos muchas personas y yo. Yo estaba asustada, llorando, sí con esperanzas, pero eso no era todo, porque luego me dormí por un momento cuando de repente el tráiler frenó y una mujer con su bebé cayeron sobre mí. Mi mente solo pensaba, *mi hijo, mi hijo.* En ese momento, perdí el conocimiento. Cuando reaccioné, estaba completamente sucia y mojada, tirada en el suelo de una casa; llegan y me dan un té para calmar el sangrado de mi cuerpo, para evitar perder a mi hijo.

Tenía pánico, terror. Me arrepentí de haber dejado mi país. *¿Será que había tomado una mala decisión y en vez de buscar un mejor futuro para mi bebé le busqué la muerte? ¿Será que hice mal?*

Pero ya estaba ahí, frente al río. No tenía que sentir miedo pues mi bebé me había dado una patadita y eso quiere decir que está bien. ¿Por qué darme por vencida? Si ya estaba a punto de lograr mi objetivo no podía quedarme ahí. Y ahí estaba yo, frente al mayor

~

And now, it's my turn . . .

At the moment we reach the river, I'm watching a lot of people moving, waiting my turn to cross, and seeing 8-year-old children cross, my tears slowly roll down. My hands are freezing and my feet tired. I was very, very scared, and right there, was my baby. I felt a little kick that made me desperately cry; yes, it made me remember how many dangers I'd encountered on this long trip. It made me remember when I left my country, without a clue about what was going to happen. I remembered arriving in Guatemala with so much fear and feeling so tired, feeling pain in my womb; I'm six months pregnant, with so much fear of losing my son, for he was everything to me. *How is it possible I decided to travel to this country to give him a better future and that on the way I might lose him? No, it wasn't fair.*

All I had left was to trust, to trust only God. I suffered so much on that journey, I almost lost my son. Do you know what that means, to see blood come out of my body knowing I'm pregnant and that my journey was far from over?

I suffered cold and hunger for two days while I was on a trailer that was super cold. There were a lot of people and me. I was scared, crying, yes with hope, but that wasn't all, because later I fell asleep for a moment when all of a sudden the trailer braked and a woman and her baby fell on top of me. My mind only thought, *my son, my son.* At that moment, I lost consciousness. When I came to, I was completely dirty and wet, on the floor of a house; they came and gave me a tea to calm my body's bleeding, to prevent me from losing my child.

I was panicked, terrified. I regretted leaving my country. *Could it be I had made a bad decision and instead of looking for a better future for my baby I'd found his death? Could it be I did wrong?*

But I was already there, in front of the river. There was no reason to feel scared, my baby had given me a little kick and that means he's fine. Why should I give up? I was so close to reaching my objective, I couldn't stay there. And there I was, in front of the biggest

miedo de mi vida, frente a un río, sin lágrimas que derramar, cuando me dicen:

—Es tu turno.

No sé cómo explicar el temor que sentí, pues pensaba, *yo no puedo nadar.* Pero Dios mandó a un buen hombre que me ayudó a cruzar y por fin vencí ese miedo. Y mírenme aquí. Mi bebé nació sano, tiene diez meses, es hermoso y lo amo. Él es mi bendición porque es quien me da fuerzas día a día. No soy una súper mamá, pero día a día mejoro y mi amor crece, y seguirá creciendo.

fear in my life, in front of a river, with no tears to shed, when they said to me, "It's your turn."

I don't know how to explain the fear I felt, for I thought, *I can't swim*. But God sent a good man who helped me to cross and I finally overcame that fear. And now, look at me here. My baby was born healthy, he's ten months old, he's beautiful, and I love him. He is my blessing because he's who gives me strength day to day. I am not a super mom, but day by day I get better and my love grows, and will continue to grow.

Cada vez que miraba atrás

Muchas personas juzgan sin saber ni conocer.

No conocen la historia o pensamientos, sensación, pasado o sentimientos . . .

De la chica callada o del chico rebelde,

De la niña inteligente o del niño que no se esfuerza,

Del distraído o del hiperactivo,

Del obediente o del desobediente,

Del delgado o del de sobrepeso,

Del feliz o del gruñón,

Del religioso o del no religioso,

Del de tatuajes o del de corbata,

Del nacido aquí o del inmigrante,

Del que come o del que no come,

Del superado o del fracasado,

Del loco o del cuerdo,

Del que toma o del que no toma,

Del que vive en casa o del que vive en la calle,

Del sano o del enfermo,

Del que ofende o del ofendido,

Del que fuma o del que no fuma . . .

Solo nos ponemos a hablar y no nos ponemos a pensar cuáles son las razones del por qué actuamos de cierta manera . . .

Nunca sabes qué tiene la vida destinada para ti. Tú quieres algo, pero el destino, Dios, la vida o como quieras llamarle, no quiere lo mismo.

Piensas y quieres algo, te esfuerzas para obtenerlo y simplemente no se puede.

El dolor más grande es sentir que te arrebatan lo que más quieres en

Every Time I Looked Back

Many people judge without knowing . . .
They don't know the story or thoughts, the sensations, the past, or feelings . . .
Of the quiet girl or the rebel boy,
Of the smart girl or the boy who doesn't push himself,
Of the distracted or the hyperactive,
Of the obedient or the disobedient,
Of the skinny one or the one who's overweight,
Of the happy person or the grumpy one,
Of the religious or the non-religious,
Of the tattooed boy or the one wearing a tie,
Of the one born here or the immigrant,
Of the one who eats or the one who doesn't eat,
Of the successful one or the failed one,
Of the crazy or the sane,
Of the one who drinks or the one who doesn't drink,
Of the one living at home or the one living on the streets,
Of the healthy or the sick,
Of the offending or the offended,
Of the smoker or the one who doesn't smoke . . .
We just start to talk without thinking about why we act a certain way . . .
You never know what life has in store for you. You want something, but destiny, God, life, or whatever you want to call it, doesn't want the same thing.
You think and want something, you work hard to obtain it but you simply can't.

la vida. Pensar que estarás toda la vida con las personas que te vieron crecer.

Antes de partir de mi hogar, sucedieron muchas cosas, unas buenas, otras malas, pero todas inolvidables.

Cada vez que me levantaba de la cama, miraba hacia arriba y siempre con el pensamiento, *Vive tu día como si fuera el último.*

Siempre salía de mi casa diciéndole, "Te amo", a mi primer amor, a la persona que siempre querré tener a mi lado, mi abuela. Ella, la mujer por la que daría mi vida.

Llegó el día en que Dios y mi madre me dieron la oportunidad de estar en la tierra, de ver amanecer y cada anochecer, pero mi corazón no quería que llegara ese día.

El día de mi cumpleaños. Un día común, no interesante. Un día regular de escuela, amigos, familia. Un día normal pero feliz, sabiendo que era un año más que pasaba al lado de las personas que más amaba.

Dos días después, salgo de mi casa sabiendo que, al regresar, me espera mi familia reunida para celebrar conmigo. Salgo imaginándome que cuando regrese estaré con ellos.

Aunque pasé la mañana sintiendo algo por dentro. ¿Qué era? No lo sabía. Pero no le tomé importancia.

Minutos después, suena el teléfono: una llamada inesperada en un momento inesperado. Mi prima contesta y lo único que veo son sus extrañas miradas hacia mí, gestos y palabras que no puedo comprender.

Lo único que quería en ese momento era saber qué estaba pasando.

Minutos después, mi prima termina la llamada, y lo único que me dijo fue:

—Te vas, ¡en una hora te vas!

Yo, muy sorprendida dije:

—Pero, ¿para dónde?

Lo único que ella dijo fue:

—Con tu mamá.

En ese momento una ola de emociones me envolvió. Me sentía enojada, triste, ¡desesperada!

The greatest pain in life is to feel that the thing you love the most is taken away from you. To think that you'll spend your whole life with the people who watched you grow.

Before I left my home, so many things happened, some good, some bad, but all of them unforgettable.

Every morning when I got out of bed, I'd look up with the same thought: *Live this day as if it were your last.*

I'd always leave the house saying "I love you," to my first love, to the person I always want to have close to me, my grandmother. To her, the woman I'd give my life for.

The day came when God and my mother gave me the opportunity to be on earth, to see the sunrise and the sunset, but my heart didn't want that day to come.

The day of my birthday. A common day, not interesting. A regular day of school, friends, family. A normal but happy day knowing that I'd spent another year with the people I loved most.

Two days earlier, I left home knowing that when I came back, my family would be there to celebrate with me. I left imagining that when I returned I'd be with them.

However, I spent the morning feeling something inside. What was it? I didn't know. I didn't give it much importance.

Minutes later, the phone rang: an unexpected call at an unexpected moment. My cousin picked up and the only things I saw were her strange looks towards me, facial expressions and words that I couldn't understand. The only thing I wanted at that moment was to know what was going on.

Minutes later, my cousin ends the call and the only thing she said to me was, "You're leaving. In an hour you're leaving!"

I, very surprised, asked, "But, to where?"

She only said, "With your mother."

At that moment a wave of emotions engulfed me. I felt mad, sad, desperate!

With tears in my eyes all I could say was I didn't want to go. At that moment I just wanted to disappear or for it all to be a joke or a dream.

Con lágrimas en los ojos, lo único que decía era que no quería irme. En ese momento solo quería desaparecer o que simplemente todo fuera una broma o un sueño.

Pensé entonces en mi familia. En todo lo que habían hecho por mí, mis amigos, mis metas. ¡Oh, Dios!

Cuando estaba esperando el autobús para irme a mi casa, tuve la intención de escaparme y regresar cuando ya todo pasara. Me llené de coraje, el cual expresaba llorando sin importarme dónde estaba o quién me veía.

Me subí entonces a un autobús diferente, pero mi prima se subió conmigo y no pude escapar. Esto me hizo enojarme mucho más. Nos bajamos del autobús y comenzamos a caminar. Yo caminaba y pensaba en qué iba a pasar con todo.

Cada paso que daba era una lágrima que derramaba. Cada pensamiento, un sentimiento. Dejé atrás a mi prima mientras caminaba y no me importó. No me importaba nada, solo quería que pasara un carro y me atropellara y así dejar de sentir.

Cuando llegué a casa, no dije ni una sola palabra. Solo volteé a ver a mis abuelos, bajé la mirada y me dirigí hacia mi cuarto, quería recostarme en mi cama, mientras llegaba mi prima para que les diera ella la noticia.

Cuando ella llegó, le preguntaban que qué me pasaba, que por qué lloraba, que por qué mi silencio. Ella les dijo lo que pasaba y ellos se quedaron un momento en silencio, comprendiendo y acompañándome en mi dolor. Mi prima y mi abuelo fueron los únicos que tomaron las cosas con madurez.

Me levanté de la cama y me dirigí hacia mi abuela diciéndole:

—Por favor, no deje que me vaya.

Ella con lágrimas en los ojos me contestó:

—Hija, yo no puedo hacer nada.

Con el dolor en mi alma, bajé la mirada y no dije ni una sola palabra más. Solo me senté ahí, en silencio mientras el momento llegaba.

Dicen que una de las cosas más difíciles es decirle adiós a las personas que jamás imaginaste perder. Las únicas palabras que les dije

I then thought about my family, and all they'd done for me, my friends, my goals. Oh, God!

When I was waiting for the bus to go home, I had the intention to escape and come back when everything was over. I filled myself with courage, which I did by crying, without caring where I was or who saw me.

So I got on a different bus, but my cousin got on with me and I couldn't escape. This just got me even madder. We got off the bus and started walking. I walked and thought about what was going to happen with everything.

Every step I took was a tear I shed. Every thought, every feeling. I left my cousin behind as I walked and didn't care. I didn't care about anything. I just wanted a car to run me over so I could stop feeling.

When I got home I didn't say a word. I just turned to look at my grandparents, looked down and walked towards my room, I wanted to lie in my bed, while my cousin arrived and told them the news.

When she got there, they asked her what was wrong with me, why was I crying, why my silence? She told them what was happening, and they all remained silent a moment, understanding and accompanying me in my pain.

My cousin and my grandfather were the only ones that took things with maturity.

I got off my bed and went towards my grandmother saying, "Please, don't let me go."

With tears in her eyes, she replied, "*Hija,* there is nothing I can do."

With sorrow in my soul, I looked down and didn't say another word. I just sat there in silence while the moment came.

They say one of the hardest things in life is to say goodbye to the people you never thought you'd lose. The only words I said to them were that I loved them and to never forget me or the love I felt for them.

But I couldn't say it to everyone.

Of all my friends, I only hugged goodbye and said a last "I love you" to my best friend. Luckily, she lived on the same block I did.

fueron que los amo y que jamás se olvidaran ni de mí ni del amor que les tenía.

Pero no pude decírselo a todos.

De mis amigos, solo le di el último abrazo y le dije el último "te quiero" a mi mejor amiga. Por suerte ella vive en la misma calle donde yo vivía. Ella me vio llorando y me preguntó que por qué estaba así, que por qué le decía eso. No le pude decir nada ya que me dijeron que no le podía decir nada a nadie.

Tenía que tomar un autobús que me llevaría al lugar donde me reuniría con el primo de mi mamá. Él también iba a salir ese día así que haría mi viaje con él. Creo que solo lo había visto una vez, solo dijo "hola, buenas tardes" y eso fue todo. Mi familia me dijo que estaba bien que fuera con él, ya que lo conocían y además era parte de la familia. Ellos lo conocían, no yo. Apenas sí conocía su nombre.

Mientras iba en el bus, pensaba en las razones que una persona tiene para dejar todo atrás e iniciar una nueva vida. Y me pregunté, *¿Por qué tengo que ir a vivir a un lugar donde no quiero ir?*

Mi cabeza comenzó a dar vueltas y no sabía cómo detenerla. Todo el mundo me decía que no me sintiera mal, que no llorara porque iba a estar con mi madre. Pero ese era el problema. Yo no me llevaba bien con ella.

Cuando mi madre me dejó, yo solo tenía seis años de edad. Pero aún en esos seis años viviendo con ella, nuestra relación nunca fue cercana. Estuviera yo donde estuviera, siempre pedía estar con mi abuela.

Un día, después de estar yo con mi abuela, ella y mi mamá tuvieron una discusión. Mi madre me llevó con ella. Dicen que ese día, en la mitad de la noche, desperté llorando porque yo quería que me llevaran de regreso con mi abuela. Una niña de cuatro años llorando porque quería estar con su abuela en lugar de estar con su propia madre.

A mi padre no lo conozco. No sé si alguna vez lo conocí. No sé cómo es, no sé cuántos años tiene, no sé nada de él. Y para ser sincera, no me interesa saberlo. No me interesa saber de un hombre que solo jugó con los sentimientos de una mujer. De un hombre que no me quiso desde que estaba en el vientre de una mujer que lo amaba. Si no me quiso entonces, mucho menos ahora, después de tantos años.

She saw me crying and asked me why I was upset, why I was telling her that. I couldn't say anything more because they'd told me I couldn't say anything to anyone.

We had to take a bus to the place where I would meet my mom's cousin. He was also leaving that day and I would go on my journey with him. I think I only met him once. He just said, "Hi, good afternoon," and that was it. My family told me that it was okay to go with him since they knew him, and besides, he was family. They knew him, not me. I barely knew his name.

On the bus ride, I was thinking about the reasons a person has to leave everything behind to start a new life. And I asked myself, *why do I have to go to live in a place where I don't want to live?*

My head started spinning and I didn't know how to stop it. Everybody kept saying that I shouldn't feel bad, that I shouldn't cry, because I was going to be with my mother. But that was the problem—I didn't get along with her.

When my mom left me, I was only six years old. But even in those six years I spent living with her, our relationship was never close. No matter where I was, I always asked to be with my grandmother.

One day, after staying with my grandma, she and my mom had an argument. My mom took me with her. They say that day in the middle of the night I woke up crying because I wanted to go back to my grandmother's. A four-year-old girl crying because she wanted to be with her grandma and not with her own mother.

I don't know my father. I don't know if I met him once. I don't know what he looks like, I don't know how old he is, I don't know anything about him. And to be honest, I don't want to know. I'm not interested in knowing about a man who only played with a woman's feelings, a man who didn't want me from the time I was in the womb of the woman who loved him. If he didn't want me back then, much less now, after so many years.

On my 10-minute bus ride to the place where I would meet my mom's cousin, I kept thinking about her: a single mother, a girl from a humble family who had to leave her daughter to pursue the American Dream, not because she wanted to, but because she needed to.

En el viaje del autobús, que tomó diez minutos hasta el lugar donde encontraría al primo de mi madre, seguí pensando en ella: una madre soltera, una chica que venía de una familia humilde, que tuvo que dejar a su hija para poder perseguir el sueño americano. No porque quisiera, sino porque necesitaba hacerlo.

Miraba la ventana del autobús y podía ver mi reflejo. Pude ver también el reflejo de mi prima, la cual cuando nuestros ojos se encontraron, ella de inmediato se agachó, evitando mi mirada.

Llegamos al lugar donde tendría que dar un adiós definitivo. Era tan difícil bajarme de ese autobús sin que nadie me obligara. Fue difícil pararme y caminar hacia la salida voluntariamente.

Esperamos unos 10 o 15 minutos. Mi prima, mi tía y mi abuela estaban conmigo. Mi abuelo, aunque no estaba ahí conmigo, sí me dijo unas palabras antes de que me fuera.

—Sabía que este momento algún día tenía que llegar, pero nunca pensé que fuera precisamente hoy.

Cuando él dijo estas palabras, en ningún momento me miró, solo miraba al frente y a los lados. Me dolió tanto porque teníamos planeado salir juntos al día siguiente. Solo le dije que me perdonara por no haber podido cumplirle. Él solo me respondió que no me preocupara, que no era importante.

El primo de mi mamá llegó. Después de un corto saludo él también me dijo que no me sintiera mal.

—No llores —me dijo, —vas a estar con tu mamá.

Yo solo me quedé callada, porque sabía que si hablaba no iba a decir cosas agradables.

Mis ojos estaban llenos de lágrimas, sentía un nudo en la garganta y un enorme deseo de gritar.

El momento de dar el adiós definitivo había llegado. Sentí como si estuviera viviendo una escena de una película o de una telenovela. Sentí como cuando estás agarrado de la mano de alguien y te obligan a soltarla. Ella se queda, tú te vas. Todo tiene un fondo gris, obscuro, todo en silencio y pasando lentamente.

Con cada paso que daba, miraba hacia atrás. Cada vez que miraba atrás, los veía más y más lejos de mí.

I was looking through the bus window and could see my reflection. I could also see my cousin's reflection. When our eyes met, she immediately looked down, avoiding my gaze.

We reached the place where I would have to give a definitive goodbye. It was so difficult to get off that bus without anyone pressing me to do it. It was difficult to stand up and walk towards the exit voluntarily.

We waited for about 10 or 15 minutes. My cousin, aunt and grandmother were with me. My grandfather wasn't there, but he did say something to me before I left, "I knew this day would come, but I never thought that it would happen precisely today."

When he said these words to me, not once did he look at me, he just looked straight ahead and to the side. It hurt so much because we'd planned to spend the next day together. I could only ask him to forgive me for not being able to keep the promise. He simply answered for me not to worry, that it wasn't important.

My mom's cousin arrived. After a brief greeting he also told me to not be sad.

"Don't cry," he said, "you are going to be with your mom."

I simply remained silent, because I knew if I talked, I would not say pretty things.

My eyes were filled with tears. I felt a huge knot in my throat and a great urge to scream.

The moment to give the definitive goodbye had come. I felt as if I was living a scene of a movie or soap opera. I felt like when you are holding someone's hand and you are forced to let it go. They stay, you go. Everything fades to gray, darkness; everything is silent and happening slowly.

With every step I took, I looked back. Every time I looked, my family was farther and farther away from me.

I crossed the main street, and it was the first time I was doing this without holding my grandmother's hand or my cousin's. It was the first time doing it without talking to my cousin about life. The first time and the last.

My tears stopped falling. I looked up and kept walking.

Crucé la calle principal y, por primera vez, lo hacía sin ir agarrada de la mano de mi abuela o de la de mi prima. Era la primera vez que lo hacía sin ir hablando de la vida con mi prima. La primera y la última.

Mis lágrimas dejaron de caer. Levanté la mirada y seguí caminando.

El primo de mi madre y yo, tomamos un taxi, después del taxi, tomamos un autobús. El viaje en este autobús tomaría como 30 o 40 minutos, pero éste era solo el comienzo. Este era solo uno de los muchos autobuses que tendríamos que tomar.

Cuando me subí a ese autobús, parecía que por fuera estaba completa, aunque por dentro estaba hecha pedazos.

Mi corazón palpitaba, porque no le quedaba de otra.

My mom's cousin and I took a taxi. After that, we took a bus. This bus trip would be 30 to 40 minutes long, but this was only one of many buses we would have to take.

When I got on that bus, it seemed I was complete on the outside, but on the inside I was in pieces.

My heart was beating only because it had to.

HISTORIA OCHO

Mi día más melancólico

Rin, rin era como sonaba mi teléfono aquella mañana soleada que, a pesar de ello, se lograba sentir un aire fresco. Apagando mi celular me dispuse a vestirme para ir a estudiar. Como un día común y corriente, pero con la diferencia de que en ese momento sentía un mar de emociones: tristeza, miedo, alegría, ira, frustración, entre otras más.

Uniformado ya con mi camisa blanca con su logo de pantera en el corazón, mis pantalones celestes y, claro, no pueden faltar mis zapatos negros, di comienzo a mi camino hacia mi centro educativo. Llegando a El Liceo (que es donde yo estudiaba) noté un ambiente normal y tranquilo: la niña Ani (que era la mujer que nos vendía pupusas dentro de El Liceo) empezando a cocinar las deliciosas pupusas que inundaban el ambiente con su olor; el guardia revisando que todos llevasen puesto el uniforme; y yo caminando hacia mi aula de clases.

Entrando a mi salón de clase noté como algunos hablaban del partido de fútbol de ayer, otros copiando la tarea, y mi mejor amigo enfrente de mí, diciéndome:

—Así que esta noche es, ¿no?

Asintiendo la cabeza le respondí.

Él, respondiéndome con una palmada en la espalda me dijo:

—Ánimo. Ten la cabeza en alto que tú eres un chico capaz de realizar cualquier cosa, hasta lograrás llegar más alto de lo que aquí puedes lograr. Además, estarás con tus papás y verás que lograrás realizar tu sueño.

A lo cual yo le respondí con una sonrisa y diciendo:

—Sí, tienes razón, pero lo que me entristece es que ya no los veré a ustedes.

—No te preocupes, yo estaré aquí esperándote. Solo sé grande para

My Most Melancholic Day

Ring, ring is how my phone rang that sunny morning, that despite this, you could feel a cool breeze. Turning off my cell phone, I began to get dressed to go to school. Like any ordinary day, but with the difference that at that moment I felt a sea of emotions: sadness, fear, joy, anger, frustration, and more.

Once in uniform with my white shirt with its panther logo on the heart, my blue pants, and, of course, my black shoes, I began my way to school. Once at El Liceo (where I went to school) I noticed things were normal and easy going: "Little" Ani (who was the woman who sold us *pupusas* in El Liceo) was beginning to make her delicious *pupusas* that were flooding the place with their smell; the guard was checking that everyone had a uniform on; and I was walking to my classroom.

Walking into my classroom I noticed some talking about yesterday's soccer match, others copying homework, and my best friend in front of me, telling me:

"So, tonight is the night, right?"

I responded with a head nod.

He answered back with a pat on the back and by saying,

"Cheer up. Hold your head up high 'cause you're a guy capable of doing anything, you'll even do more than what you can do here. Also, you're going to be with your parents and, you'll see, you'll make your dream a reality."

To which I responded with a smile and by saying, "Yeah, you're right, but it makes me sad that I won't see any of you."

"Don't worry. I'll be here waiting for you. Just be sure to be great so I won't be embarrassed to say you're my friend," he said jokingly.

que así no me dé pena decir que tú eres mi amigo –me respondió con humor.

–Ja, ja, ja, sí, lo intentaré –respondí riéndome.

Dicho lo anterior, dirijo la mirada a la puerta y me doy cuenta que acaba de llegar mi mejor amiga, pero luego me doy cuenta que no fui el único ya que mi amigo me dice:

–Bueno, me voy. Iré a terminar una tarea –avisándome con seriedad.

–Okey, nos vemos luego –le respondí con media sonrisa, sabiendo que ellos dos son como el blanco y el negro, o como el agua y el aceite, ya que ellos tenían puntos de vista muy diferentes.

Volteo hacia ella con una sonrisa a la cual ella me responde con un abrazo y me dice con voz suave:

–No quiero que te vayas. Me harás mucha falta. Después de todo, tú cambiaste mi vida.

–Sí, tú también significas mucho para mí –respondí con tristeza.

Luego de eso, tocaron la campana para dar el inicio a las clases. El resto del día surgió como cualquier otro día ya que en ese momento mis mejores amigos eran los únicos que sabían de mi partida a los Estados Unidos. La razón de ello fue que a mi familia no le gusta el drama por parte de otras personas.

Esa noche, atemorizado y triste, entendí que debía hacer algo. *¿Por qué las personas inmigran a otro país?* me pregunté con desanimo. Preguntándome a mí mismo también, *¿Qué puedo hacer para cambiar este país? ¿Hay algo más fuera de aquí? ¿Qué tan lejos podré llegar fuera de aquí?* Con melancolía pensé que todas estas preguntas las lograría responder si lograba llegar hasta los Estados Unidos y con la esperanza de encontrar una solución.

Me levanté de mi cama ansioso y aún con temor. Abrí la puerta a una nueva percepción del mundo real. En otras palabras, exploté mi burbuja de confort.

"Ha, ha, ha, yeah, I'll try," I answered laughing.

Everything said, I look over to the door and realize my best friend has just arrived, and then also realize I'm not the only who noticed since my friend tells me somewhat seriously, "Well, I'm off. I have to finish some homework."

"OK, see you later," I responded with a half smile, knowing they were like black and white, like oil and water, since they both had very different points of view.

I turn to her with a smile which she meets with a hug and by saying in a soft voice, "I don't want you to go. I'm going to miss you. After all, you changed my life."

"Yes, you also mean a lot to me," I replied with sadness.

After that, the bell rang signaling the start of classes. The rest of the day was like any other except that at that moment my best friends were the only ones that knew of my departure for the United States. Reason being my family doesn't like other people making drama.

That night, terrified and sad, I understood I had to do something. *Why do people emigrate to another country?* I asked myself disheartened. I also asked myself, *what can I do to change this country? Is there more outside this place? How far can I go outside of here?* With melancholy I thought I could answer all these questions if I managed to get to the United States, and with the hope of finding a solution.

I got off my bed anxious and still fearful. I opened the door to a new perception of the world. In other words, I blasted my bubble of comfort.

Tengo que seguir mi camino

Volviendo un poco al pasado . . .

Era un día como cualquiera. Venía de mis estudios, eran las cuatro de la tarde. Acostumbraba a comer cuando llegaba a casa, veía tele y hablaba con mi madre. Ella en esa ocasión me dijo que mi hermana había hablado con ella preguntando que si yo me quería ir para los Estados Unidos. Sinceramente yo me alegré mucho, pero cuando me acostaba en la cama me ponía mucho a pensar en todo lo que dejaría.

Yo platicaba con mis amigos sobre eso. Uno de ellos me dijo que yo era un gran amigo para él y que no creía que los iba a dejar. Yo le dije a él que esa decisión para mí era muy complicada. Otro de ellos me dio ánimo pero yo pensaba mucho en lo que dejaría: mi hogar y las personas que me vieron crecer.

Pasaron los días y mi mamá me preguntó una semana antes de salir de mi país, El Salvador, lo que yo había pensado. Ella dijo que el viaje lo tendría el 16 de abril.

Esos días antes del viaje fueron duros para mí. No sabía qué decir. Hablé con mi madre. Le dije:

—Mamá, me iré, pero no quiero dejarla. Usted es muy especial en mi vida, dejar a la mujer que me dio la vida, la que me llevó en su vientre nueve meses, y que nunca le importó como se veía.

Duele mucho dejar a la persona que en verdad te ama hasta la muerte.

El día antes de viajar, mi mamá, como es la mejor, me hizo una comida que estuvo muy deliciosa: pollo, ensalada y arroz. Me hacía sentir bien ver a mi familia feliz ese día que comimos juntos.

Al siguiente día era el día que tenía que separarme de ella. Pero la vida es así, de llorar y reír.

I Have to Continue My Journey

Going back in time . . .

It was a day like any other. I was coming from school, it was four o'clock. I had the habit of eating when I got home, watching TV and talking with my mom. On that occasion she told me my sister asked her if I wanted to go to the United States. Honestly, I was happy, but when I lay in bed I thought about everything I'd leave behind.

I talked about this with my friends. One of them told me I was a great friend and that I wasn't leaving them behind. I told him that was a very complicated decision for me. Another friend cheered me on but all I could think of was what I was leaving behind: my home and the people that saw me grow up.

Days passed and my mom asked me a week before I was to leave my country, El Salvador, what I thought. She said I had to travel April 16.

Those days before the trip were hard for me. I didn't know what to say. I talked to my mom and said, "Mom, I'll go, but I don't want to leave you. You are very special in my life, to leave the woman who gave me life, who carried me in her womb for nine months and never cared how she looked."

It hurts to leave behind the person who truly loves you to death.

The day before my trip, my mom, who's the best, made a delicious meal: chicken, salad and rice. It made me happy to see my family happy that day we all ate together.

The next day was the day I had to leave her. But life is like that, you cry and you laugh.

It was a hard day when I had to say goodbye to my family. Between tears in my eyes I told my mom how much I appreciated her.

Fue un día muy duro cuando me despedí de mis familiares. Entre lágrimas en los ojos le dije a mi madre cuánto la apreciaba. Ella, llorando se despidió de mí, dándome un beso en la frente. Me sentía triste dejando lo importante de mi vida atrás, pero lo que yo decidí fue para una vida mejor.

Llegó el señor que iría por mí a casa. Con mucho dolor y muchas lágrimas, nos despedimos.

En el camino me la pasé muy triste. Conmigo iba un compañero que iba triste igual que yo. Nos llevaron a un lugar llamado San Miguel, donde nos reunimos diez personas. Todos estaban muy tristes. Dos de ellos dejaban a sus hijos. Otras personas, como yo, dejábamos a nuestros padres.

Una hora después, desayunamos para poder viajar. Buscamos el bus donde viajaríamos para la ciudad de San Salvador. Fue un viaje de diez horas. Cuando llegamos nos reuniríamos con la esposa del señor que nos traía.

Formamos dos grupos. Nos reuniríamos en la frontera de El Salvador con Guatemala. Hicimos un viaje de unas ocho horas. Llegamos muy noche. Nos quedamos en un hotel para poder viajar al siguiente día en la mañana.

Un señor que venía conmigo me prestó el celular para poder hablar con mi madre. Me dio gusto escuchar su linda voz. Ella habló conmigo llorando, que si quería que me regresara. Pero no, todo era para un buen futuro, que tengo hoy en día. Le dije que tenía que seguir mi camino.

Llegó la hora de dormir. Me hacía mucha falta escuchar la voz de mi madre, ver a los animales. Me hacía falta escucharla hablar.

2:00 A.M. Me levanté a bañarme y ponerme nueva ropa. Pensé mucho en regresar a mi casa ó poder seguir. Tomé la decisión de poder viajar.

−¿Están listos? −dijo el que nos traía.

−Sí −respondimos todos.

Nos metieron en una camioneta donde íbamos bien incómodos. Teníamos poco espacio para poder movernos. Nos detuvieron unos

Crying, she said goodbye to me, giving me a kiss on the forehead. I felt sad leaving the most important part of my life behind; but what I had decided was for a better life.

The man came to pick me up at home. With much pain and many tears, we all said goodbye.

On the way I was very sad. Another friend who was making the trip with me was sad like me. They took us a place called San Miguel, where all 10 of us would meet. We were all sad. Two of them were leaving their children. Others, like me, were leaving their parents.

An hour later, we had breakfast so we could travel. We looked for the bus that would take us to San Salvador. It was a 10-hour trip. When we arrived we'd meet with the wife of the man who was bringing us.

We formed two groups. We'd meet back up at the border of El Salvador and Guatemala. We traveled for about eight hours. We arrived very late. We stayed in a hotel to be able to travel early the next morning.

A man that was traveling with me lent me his cell phone so I could call my mom. It made me so happy to hear her beautiful voice. She spoke to me crying, if I wanted to I could come back. But no, it was for a good future—which I have today. I told her I had to continue on my journey.

It was time to sleep. I really missed hearing my mother's voice, seeing all the animals. I missed listening to her talk.

2:00 A.M. I got up to shower and put some fresh clothes on. I thought a lot about returning home or continuing. I made the decision to continue the journey.

"Are you ready?" said the man who was bringing us.

"Yes," we all answered.

They put us in a van where we were all very uncomfortable. We had little room to move around. Some police stopped us. The man who was bringing us got out of the car to try to fix things. I managed to see he gave him money.

policías. El señor que nos traía se bajó del carro para poder arreglar las cosas. Yo logré ver que le dio dinero.

Llegamos a una estación donde íbamos a esperar a otro carro para que nos pudiera llevar a un lugar que se llama Chiquimula.

Así comenzó este viaje muy largo.

We got to a station where we were going to wait for another car that would take us to a place called Chiquimula.

That's how this very long journey began.

¿Nos volveremos a ver?

7 de junio del 2010, a eso de las cuatro de la tarde, Mamá nos llamó a mi hermano y a mí. Nos empezó a aconsejar y dijo que nos aprendiéramos el número telefónico. Mi hermano y yo estábamos confundidos ¿por qué nos estaba diciendo esto?

Pasaron dos horas y Mamá empezó a llorar, mi hermano y yo también. Cuando se calmó, dijo:

–Tengo que darles una noticia.

Y dijo mi hermano:

–Tendremos un hermanito.

Mamá sonrió y dijo:

–No.

Yo me sentía triste de verla llorar. Luego nos dijo:

–Chicos, me iré de la casa por un poco de tiempo . . .

Yo comencé a llorar desesperadamente y le dije:

–¡No, Mamá, no nos dejes solos!

–No se preocupen. Su tía se quedará con ustedes.

Después, dormimos con ella, y al amanecer ella ya no estaba entre nuestros brazos. Fue lo peor que había sentido en mi vida. Dejé de sentir ese calor que me hacía sentir feliz. De la noche a la mañana, todo desapareció. La buscaba desesperadamente pero ella no estaba.

Después que nos quedamos con la prima de Mamá fue lo peor. Ella no nos decía nada sobre Mamá. Nos maltrataba. No nos daba de comer.

Un día, mi hermano la escuchó hablando con Mamá por teléfono y gritó,

–¡Mamá, Mamá, eres tú!

Yo salí corriendo y mi tía se sorprendió porque la descubrimos. En-

Will We See Each Other Again?

June 7, 2010, around four in the afternoon, Mom called my brother and me. She began to give us advice and told us to memorize our phone number. My brother and I were confused, why was she telling us this?

Two hours passed and Mom started to cry, and so did my brother and I. When she calmed down, she said, "I have some news."

My brother said, "We're going to have a little brother."

Mom smiled and said, "No."

I was sad to see her cry.

She then said, "Kids, I need to leave home for some time . . ."

I began to cry desperately and told her, "No, Mom, don't leave us alone!"

"Don't worry. Your aunt will stay with you."

Afterwards, we slept with her, and by morning she was no longer in our arms. It was the worst thing I'd felt in my life. I no longer felt that warmth that made me feel happy. Overnight, everything had disappeared. I looked for her desperately but she wasn't there.

We later stayed with Mom's cousin, which was the worst. She told us nothing about Mom. She mistreated us. She didn't feed us.

One day, my brother heard her talking with Mom on the phone, and he yelled out, "Mom, Mom, it's you!"

I ran out and my aunt was surprised because we had caught her. So then my brother told Mom everything, and my aunt, angry, hit my brother with a stick and belt for having told Mom. My brother, crying and bleeding, screamed. Then another cousin came and Mom realized what was happening.

Feeling desperate, she wanted to come back from the United

tonces mi hermano le contó todo a Mamá, y mi tía, enojada, le pegó a mi hermano con un palo y hules por haberle dicho a Mamá. Mi hermano, llorando y sangrando, gritó. Entonces llegó la otra prima de ella y Mamá se dio cuenta de lo que estaba pasando.

Desesperada, quería regresar de los Estados Unidos, pero la otra prima de Mamá reaccionó y dijo:

—No te preocupes, yo me encargaré de ellos.

Pero mi hermano y yo no queríamos sufrir más. Lo peor fue con la otra prima porque a ella solo le importaba el dinero de Mamá. Ella nos dejaba dormir afuera de la casa para castigarnos y lo peor es que yo me estaba muriendo de mala nutrición. Yo estudiaba día y noche. Me iba a una escuela pública por la mañana y en la tarde para la privada.

Un día, mi tía despidió a la sirvienta de la casa porque ella le tiró agua caliente en los pies a propósito y la prima de Mamá castigó a mi hermano de una forma brutal. Luego llegó una mujer a defenderlo y ella se lo llevó a su casa, y la prima se fue de la casa con la sirvienta. Pues de nada sirvieron los lujos si no teníamos amor, ni nos querían, pues.

La señora dijo:

—Llamaré a tu mamá —ella la conocía y le dijo que nos cuidaría por cierto tiempo.

Mientras ella organizaba todo, ella nos trató como nadie lo había hecho antes. Ni la propia familia nos quería. Todo fue diferente con ella, fue como tener una segunda madre. Fue lo mejor.

Me siento mal por mi familia, porque no nos quisieron. Nos quiso mejor una desconocida que nuestra propia familia.

Tiempo después, Mamá nos llamó, que nos iríamos a los Estados Unidos. Yo estaba muy feliz porque volvería a ver a mi apreciada madre. Con lágrimas de felicidad en los ojos le di las gracias a Dios que por fin se me había cumplido el deseo de hace muchos años. No se me había cumplido, pero por fin llegó el día que nos íbamos de nuestro país y del sufrimiento que vivimos, esperando una vida mucho mejor al lado de nuestra Mamá querida.

States, but Mom's other cousin reacted and said, "Don't worry. I'll take charge of them."

But my brother and I didn't want to suffer anymore. It was a worst situation with the cousin because all she cared about was Mom's money. She would make us sleep outside the house to punish us, and worse, I was dying of malnutrition. I studied day and night. I'd go to public school in the morning and in the afternoon to private school.

One day, my aunt fired the maid of the house because she threw hot water at her feet on purpose, and Mom's cousin punished my brother in a brutal way. Later on, a woman came to defend him and take him home with her, and the cousin left the house with the maid. All the luxuries were for nothing if we didn't have love, they didn't even love us.

The woman said, "I will call your mom," she knew her and told her she'd care for us for some time.

While she organized everything, she treated us like no one had before. Not even our own family wanted us. It was all different with her, it was like having a second mother. It was the best.

I feel bad for my family, because they didn't love us. A stranger loved us more than our own family.

Sometime later, Mom called us and said we we're leaving for the United States. I was so happy to be able to see my dear mother. With tears of joy in my eyes I gave thanks to God for finally making my dream of many years come true. It hadn't come true, but finally the day had come when we would leave our country and the suffering, longing for a much better life at the side of our beloved Mom.

¿Cómo le explico . . . ?

Diez días antes empezó el enfrentamiento de la vida, la realidad de las cosas y el tener que dejar todo atrás a mis 16 años de edad. Mediante pasaban los días, sentía felicidad y a la misma vez mucha tristeza. Día tras día me despedía de mi familia, amigos y amigas. Eso no fue nada fácil. Así pasaron las horas y los días.

El día 13 de julio fue el día de irme de mi hermosa Venezuela, mi querido país. Mi mamá, junto con mi familia, me hizo un almuerzo, el cual recuerdo mucho. Todos nos sentamos a comer y al mismo tiempo platicamos. Al pasar algunas horas, mi familia me partió una torta de zanahoria con canela, que por cierto estaba muy deliciosa.

Se hicieron las cuatro de la tarde, había llegado la hora de partida. Me fui despidiendo de mi familia y vecinos de casa. Mi corazón sentía que se partía en mil pedacitos, como cuando un cristal se rompe.

Nos montamos en el carro de mi tío mi tía y primo, abuela, hermosa mamá y yo. Mediante el camino miraba por la ventana y mis lágrimas bajaban por mi rostro. Veía todos los lugares de donde vivía, esos árboles, flores, centros comerciales, casas. Solo de verlos y recordar todo lo que ví me preguntaba, *¿cuándo volveré a ver todo aquello que fue parte de mi vida y de mi día a día?*

Tuve una larga y triste conversación en mi mente: *¿qué pasará con mi vida? ¿Cómo será los Estados Unidos y la vida que tendrá para mí?*

Suena el teléfono. Es mi mejor amiga, mi hermana en pocas palabras. Me dijo,

–Iré a verte con tu madrina, tu ahijado y mi abuela porque nos queremos despedir de ti en el aeropuerto.

Cuando llegamos al aeropuerto, bajé mis maletas, fuimos a regis-

How Do I Explain . . . ?

The battle with life, the reality of things, having to leave everything behind at the age of 16, began ten days before. As the days passed, I felt happiness and at the same time much sadness. Day after day I say goodbye to my family and friends. That wasn't easy at all. That's how the hours and days passed.

July 13 was the day I had to leave my beautiful Venezuela, my beloved country. My mom, along with my family, prepared a lunch, which I remember a lot. We all sat to eat and talk at the same time. After a couple of hours, my family cut a carrot cake with cinnamon for me, which was quite delicious, by the way.

Four o'clock came around and the time to leave had come. I started saying goodbye to my family and neighbors. My heart felt it was breaking in a thousand little pieces, like when a crystal glass shatters.

My aunt and cousin, grandmother, beautiful mom and I all got into my uncle's car. On the way I looked out the window and tears rolled down my face. I saw all the things where I was from, those trees, flowers, commercial centers, homes. Just by looking at them and remembering everything I saw I asked myself, *when will I be able to see again all these things that were part of my life and day-to-day?*

I had a long and sad conversation with myself: *What will happen with my life? What will the United States be like, and what kind of life will it have for me?*

The phone rings. It's my best friend, my sister in a few words. She said, "I'll go see you with your Godmother, Godson and my grandma 'cause we want to say goodbye to you at the airport."

When we got to the airport, I unloaded my bags, we went to

trarme y vimos un parque, donde fui con mi primo y tío. Justo nomas nos tomamos fotos, luego fuimos a donde estaban los demás.

Al pasar las horas, llegó el tiempo de irme. Sentía que el alma se me iba. De pronto dijeron:

—Por favor, abordar . . .

Yo me fui despidiendo de mi abuela, tío y tía. Mi primito de tan sólo dos años de edad, me decía:

—Vámonos, Mairita.

Eso me partió el corazón porque yo no lo podía llevar conmigo, solo en mi mente. Pensaba, *¿cómo le explico a un niño de tan pequeña edad que no puede venir conmigo?* Él seguía atado a mi pierna, queriendo irse conmigo.

Mi abuela lo tomó y lo alejó de mí, pero él no paraba de llorar y decir:

—Vámonos en el avión.

Mi corazón decía, *quédate, no te vayas, dejas cosas importantes y vidas importantes.*

Solo faltaba despedirme de mi bella mamá. La abracé con mucha fuerza sin soltarla y le dije:

—Adiós, mamá. Cuídate mucho. Gracias por todo. No olvides que te amo.

Mi madre estaba muy desesperada, ella no podía parar de llorar. Mi madre me miró a los ojos y me dijo:

—Sé grande y llega muy lejos. Te amo, hija.

Yo me marché pero detrás de una ventana de vidrio ví a mi mamá regalándome un mar de lágrimas y suspiros. Yo solo pensé, *¿cuándo te volveré a ver, madre? Te amo y te llevo en mi corazón.*

check me in and saw a park. I went with my cousin and uncle. We just took some pictures then went to where the others were.

Hours went by and the time to depart had come. I felt my soul was leaving me. Suddenly, they said, "Please, board . . ."

I began to say goodbye to my grandma, uncle and aunt. My little cousin of only two years, said to me, "Let's go, Mairita."

That broke my heart because I couldn't take him with me, only in my mind. I thought, *how do I explain to a boy so young he can't come with me?* He stayed attached to my leg, wanting to go with me.

My grandma took him away, but he didn't stop crying and saying, "Let's go on the plane."

My heart said, *stay, don't go, you're leaving behind important things and important lives.* I just needed to say goodbye to my beautiful mother. I hugged her so hard without letting go and said, "Goodbye, Mom. Take care of yourself. Thank you for everything. Don't forget that I love you."

My mom was very distraught, she couldn't stop crying. My mom looked me in the eyes and said, "Be great and go very far. I love you, daughter."

I walked away but behind a glass window I could see my mom giving me an ocean of tears and sighs. I could only think to myself, *when will I see you again, Mom? I love you and carry you in my heart.*

Por decisión del destino

Todo empezó una noche como cualquier otra. Yo estaba afuera de la casa observando las estrellas y escudriñando lo hermoso del universo cuando, de pronto, escuché sonar el teléfono. No me extrañé porque mi papá acostumbraba hablar todas las noches, pero esa noche y esa llamada quedarían marcadas en mi vida. Cuando el teléfono de mi mamá sonó, sentí una sensación muy extraña dentro de mí.

Mi mamá contestó como de costumbre. Mi papá quería conversar primeramente conmigo y eso me extrañó porque él siempre hablaba con mi mamá primero y luego conmigo. Cuando le contesté me hizo una pregunta que marcarían mi vida y mi futuro por completo. Esa pregunta fue: ¿Quieres viajar a los Estados Unidos?

Al inicio que iba a contestar la pregunta me sentía emocionada, pero luego me sentía súper mal porque estaba tomando una decisión: podría tener un mejor futuro o morir en el intento de obtenerlo. Y pensé en todas las cosas: dejar el lugar donde crecí, dejar las personas con las cuales había convivido por mucho tiempo, y lo más importante, dejar a mi apreciada madre y a mi hermanito menor.

En esos momentos mi corazón se desgarraba y no pensaba con claridad. Al final le respondí a mi papá que sí. Mi corazón estaba como un vidrio frágil que cualquier palabra que mi madre dijera, como "No te vayas", no lo hubiera hecho. Pero las palabras que mi madre me dijo una noche antes de partir mi viaje no las olvidaré. Estábamos acostadas en una hamaca conversando y ella dándome consejos sabios:

–Hija, si usted se va para los Estados Unidos es para un mejor futuro y que se supere, no para empeorar. Y no crea que yo la obligo a irse, créame que se me parte el corazón en dos al saber que usted se va de

By Fate's Choice

It all started one night like any other. I was outside the house looking at the stars and combing through the beauty of the universe when, all of a sudden, I heard the phone ring. I wasn't surprised because my dad tended to call every night, but that night and that call would remain marked in my life. When my mom's phone rang, I felt a very strange sensation inside.

My mom answered as usual. My dad wanted to talk with me first and that was weird because he always talked to my mom first and then with me. When I answered, he asked me a question that would totally mark my life and future. The question was: Do you want to travel to the United States?

When I was first going to answer the question I felt excited, but then I felt super bad because I was making a choice: I could have a better future or die trying. And I thought about everything: leaving the place where I was born, leaving the people I had lived with for so long and, the most important, leaving my precious mom and little brother.

In those moments I felt my heart torn apart and I couldn't think clearly. In the end, I told my dad, "Yes."

My heart was like a piece of fragile glass that any word my mom would say, like, "Don't' go," I wouldn't have done. But the words my mom told me the night before I left for my journey I will never forget. We were lying on a hammock talking and she was giving me wise advice:

"*Hija,* if you leave for the United States it's for a better future and to be better, not to be worse. And don't think I'm making you go, believe me that my heart breaks in two knowing you're leaving my

mi lado, pero la decisión la toma usted, no yo. Usted decide si irse o no. Pero de mi parte, yo la apoyo en su decisión.

Esas palabras me marcaron.

Emprendí mi viaje se llegó la madrugada. Llegaron por mí y me despedí de mi mamá y mi hermano. Lloré tanto que me desahogué y me sentía súper mal. Mi corazón estaba hecho pedazos. Sabía y tenía las esperanzas de volverlos a ver.

Era el momento de comenzar mi viaje. Cuando iba en camino no me dejaron tener celular para comunicarme, sino que la persona encargada de mí se comunicaría con mi papá.

Salí de mi hermoso país. Dejaba todo lo que para mí era conocido y me dirigía a un lugar desconocido, personas desconocidas, cultura desconocida. Mi vida la puse en las manos de Dios, esperando que fuera Él quien cuidara de mi camino. Cuando salí de El Salvador y ya estaba en Guatemala, crucé el río que divide Guatemala y México. Estaba en México y sin comunicarme aún.

Pasó el tiempo hasta que llegué a los 15 días incomunicada con mi madre y mi padre. Eso me imaginaba que era algo horrible para mi mamá porque ella pensaría, *¿Qué pasaría conmigo? ¿Dónde me encontraba? ¿Si estaría bien? ¿Con vida?* Sabía que eso estaba destrozando a mi madre, porque el amor de una madre hacia un hijo es muy grande.

Bueno, llegué a mi destino. No me quejo de lo que pasé en el camino porque sabía que Dios me cuidaba y no me dejó sufrir tanto. Por eso le doy gracias a Dios. Ahora me encuentro en los Estados Unidos con bien, esforzándome para un mejor futuro, porque si pasé lo que pasé y sufrí no va a ser para tirar todo ese esfuerzo a la basura, sino para que mi madre y mi padre y familia se sientan orgullosos de mí y para mejorar mi vida.

Me encuentro acá luchando por un mejor futuro. No todo en la vida es color de rosa. Tienes que actuar no solo soñar, porque si no actúas y no te esfuerzas, los sueños no se volverán realidad así de la nada.

Me entristece mucho al saber que en momentos especiales como Navidad, que es para compartir en familia, no estemos todos juntos. Otra época que me entristece es cuando llega el día de mi cumpleaños

side, but the decision is yours to make, not mine. You decide if you leave or not. But from my end, I support you in your choice."

Those words marked me.

I began my journey when dawn came. They came for me and I said goodbye to my mom and brother. I cried so much I choked up and felt super bad. My heart was in pieces. I felt and had the hope to see them again.

It was the moment to begin my journey. When I was on the way they didn't let me have a cell phone to communicate with, but the person in charge of me would be the one to communicate with my dad.

I left my beautiful country. I was leaving behind everything I knew and heading to an unknown place, unknown people, unknown culture. I placed my life in the hands of God, hoping He would be the one to safeguard my journey. When I left El Salvador and was already in Guatemala, I crossed the river that divides Guatemala and Mexico. I was in Mexico without still being able to communicate.

Time passed until I reached 15 days of being incommunicado from my mom and dad. I imagined that was something horrible for my mom because she probably wondered, *What happened to me? Where was I? Was I okay? Alive?* I knew that was destroying my mom, because a mother's love for her child is great.

Well, I arrived at my destination. I don't complain about what I went through along the way because I knew God cared for me and didn't let me suffer that much. That's why I give thanks to God. Now I find myself in the United States safely, striving for a better future, because if I went through what I went through and suffered it wasn't to throw away in the garbage all my efforts, but for my mom and dad and family to feel proud of me and to make my life better.

I find myself here fighting for a better future. Not everything in life is rosy. You have to act not just dream, because if you don't act and put effort in, dreams aren't going to become a reality from nothing.

It makes me very sad that in special moments like Christmas,

y mi madre no está, ni mi hermano. Es muy duro. Pero eso es lo que me da fuerzas para poder seguir adelante, saber que mi esfuerzo valdrá la pena y que gracias a ello volveré a ver a mi madre algún día, y a mi hermanito.

Mi madre es una inspiración muy grande para mí. Es una bendición en mi vida porque si caigo me volveré a levantar con las fuerzas de Dios, primeramente, y después por mi familia que es mi fuerza para poder seguir adelante.

Estas lágrimas que lloro en este presente las lloro con orgullo porque sé que en el futuro estas lágrimas se convertirán en alegría y mucha felicidad y prosperidad.

which is for sharing with family, we're not all together. Another time that saddens me is when my birthday comes and my mom isn't here, nor my brother. It's very hard. But that's what gives me strength to be able to keep going, knowing my effort will be worth it and that thanks to it I will see my mother again someday, and my brother, too.

My mom is a great inspiration for me. She is a blessing in my life because if I fall I will get up again with the strength of God, first, and then for my family that's my strength to be able to keep going forward.

These tears I cry now I shed with pride because I know that in the future these tears will become joy and much happiness and prosperity.

Cuando el corazón y la mente no están de acuerdo

Mientras jugaba con mis amigos afuera de la casa de mi abuela, llegó mi tía donde yo estaba.

–Es tu mamá –me dijo mientras me daba el celular.

En cámara lenta escuché cuando mi mamá me dijo que en dos días tenía que viajar a los Estados Unidos. Me quedé atónita ante tal noticia. No sabía qué decir o qué pensar. Solo me quedé parada con la mente en blanco.

–Díle a tu papá –me dijo mi madre.

Cuando terminé de hablar con ella vinieron a mi mente miles de pensamientos. Trataba de separar mis emociones pero era imposible. Estaba muy ilusionada con el hecho de que volvería a ver a la mujer que me vio nacer, mi madre, ya que no la miraba desde que yo tenía tres años.

No era una decisión la que tenía que tomar, ya que semanas atrás habían pasado muchos problemas con la delincuencia que poco a poco crecía más. Trataba de convencerme a mí misma de que todo estaría bien, pero por más que lo trataba mi corazón no lo podía aceptar. Tenía que decirle "adiós" a todo lo que componía mi mundo entero.

¿Cómo dejar a la persona más importante de un día a otro? Mi papá, quien me cuido por más de 14 años, ya no era solo mi papá, ahora era también mi madre, mi amigo. Se convirtió en lo más importante de mi vida y no quería dejarlo solo. Pero no tenía opción.

El día de partir llegó muy rápido. Llegamos al hotel mi papá, yo, y mi hermano menor, quien era mi acompañante en este viaje. Los dos estábamos destrozados por dentro. No queríamos dejar nuestro país ni mucho menos a nuestro papá. Cuando ya era la hora de que mi papá se fuera y nos dejara ahí, pude ver su cara de tristeza.

When the Heart and the Mind Don't Agree

While playing with friends outside my grandmother's house, my aunt arrived.

"It's your mother," she said, handing me the cell phone.

In slow motion I heard when my mom told me that in two days I'd be traveling to the United States. I was shocked by the news. I didn't know what to say or think. I only stayed still with my mind blank.

"Tell your dad," my mom said.

When I was done talking to her, a thousand thoughts came to mind. I tried to separate my emotions but it was impossible. I was very hopeful about seeing the woman who gave me birth, my mother, since I hadn't seen her since I was three.

It wasn't a decision I had to make, since weeks before many problems with delinquency had occurred and were getting worse. I tried to convince myself that everything would be fine. But the more I tried, the less my heart accepted it. I had to say "goodbye" to everything that made up my world.

How do you leave the most important person from one day to the next? My dad, who took care of me for 14 years, wasn't just my dad anymore; he was also my mother, my friend. He'd become the most important person in my life and I didn't want to leave him alone. But I had no choice.

The day of departure came too quickly. My dad, brother, who was also coming with me on this trip, and I arrived at the hotel. We were both torn up inside. We didn't want to leave our country, much less our father. When it was time for our dad to leave us there, I could see the sadness in his face.

—Cuídense mucho —nos dijo mientras nos abrazaba.

Él salió del cuarto y traté de distraerme con la televisión, pero no podía dejar de pensar en todo lo que estaba dejando en mi país.

Hay una frase que dice, "Puedes arrancar a un hombre de su país, pero no puedes arrancar el país del corazón del hombre". Eso es lo que hoy me pasa a mí junto a miles de inmigrantes que dejan su país por buscar una mejor vida.

Así fue mi historia de cómo le tuve que decir "adiós" a grandes partes de mi vida. El día en que salí de mi país me di cuenta de que tenemos el alma hecha de vidrio—mientras miraba las calles de mi país por última vez, ahí pude escuchar cómo dentro de mí se partían en pedacitos mi alma y corazón.

"Take care of yourselves," he said as he hugged us.

He left the room and I tried to distract myself with the television, but I couldn't stop thinking in all I was leaving behind in my country.

There's a saying that goes, "You can take a man out of his country, but you can't take a country from a man's heart." That's what's happening to me, along with thousands of other immigrants who left their countries in search of a better life.

That's how I came to say "goodbye" to great parts of my life. The day I left my country I realized our souls are made of glass—as I looked at my country's streets one last time, I could hear inside how my soul and heart shattered to pieces.

Caminaré hasta el final

Todo empezó en el año 2016 cuando mi tía me dijo si quería venir a los Estados Unidos. Fue duro para mí dejar a mi familia. Dejar a mi hermano fue lo más triste porque no me pude despedir de él. Cuando mi hermana me fue a dejar con la persona con quien íbamos a viajar se me vino toda mi vida a la cabeza. Pero nunca imaginé que mi vida había sido bonita.

Traté de beber agua para no llorar cuando mi hermana me dejó en el hotel. Ese día salimos para la frontera yo y otras dos muchachas. Pasamos por la frontera de El Salvador y en Guatemala descansamos una noche.

Después seguimos hasta llegar a la frontera de Guatemala. Allí estuvimos tres semanas, y en lo que estuve allí no podía comunicarme con mi tía. Pasé una semana sin llamarla porque no tenía recepción hasta que, al fin de semana, el que nos traía me prestó el celular. Así pude hablar con mi tía como 15 minutos.

Después salimos de allí para México. Una persona a mí me iba cuidando. Yo estoy agradecida con ella porque me iba cuidando todo el tiempo. Puede haber personas buenas en el mundo que dan todo por otras personas.

Después que llegamos a México, pasamos por todos los pueblos de México. Cuando llegamos que íbamos a pasar por el río, una de las personas que venía conmigo no pudo pasar porque su hermana no había pagado y pues ella se quedó. Solo pasamos yo y las demás personas que venían.

Después que pasamos el río, caminamos por una hora hasta que nos encontraron dos hombres de inmigración. Nos pidieron nuestras identificaciones y yo estaba nerviosa porque me habían dicho que los

I Will Walk to the End

It all began in 2016 when my aunt asked if I wanted to come to the United States. It was hard for me to leave my family. Leaving my brother was the saddest thing because I couldn't say goodbye to him. When my sister dropped me off with the person I'd be traveling with, my entire life flooded my head. But I never imagined my life had been pretty.

I tried to drink some water so I wouldn't cry when my sister left me in the hotel. That day two other girls and I left for the border. We crossed the border of El Salvador and in Guatemala we rested one night.

Then we continued until reaching Guatemala's border. There we stayed three weeks, and while I was there I couldn't communicate with my aunt. A week went by without calling her because I had no reception, but by the weekend, the man who was bringing us lent me his cell phone. That's how I was able to talk with my aunt for about 15 minutes.

From there we left for Mexico. One person took care of me along the way. I am grateful to her for taking care of me the whole time. There can be good people in the world that give everything for other people.

After we arrived in Mexico, we passed through all the towns in Mexico. When we came to the river we had to cross, one of the people that was with me couldn't pass because her sister hadn't paid, and so she stayed behind. Only I, and the others with me, passed.

After we crossed the river, we walked an hour until two immigration men found us. They asked us for our identification, and I was nervous because they'd told me that immigration men were an-

de inmigración eras enojados. Pero me dieron galletas de chocolate y jugo de manzana. Y después nos llevaron a la hielera.

Allí es un lugar muy feo y muy helado. Les dan a las personas un sándwich duro y un jugo. Ese lugar es helado, solo hay papel de aluminio y con ese papel las personas se acobijan.

En el tiempo que estuve ahí, la temperatura se sentía como unos 45 grados y me dieron papel de aluminio. Era grande el papel, era como el papel en el que envuelven las comidas para que no se enfríen. Era muy calientito el papel.

Estando ahí, llaman a las personas para tomarles las huellas y preguntarles cómo se llaman. Después, llaman a las personas que deportan a sus países. Yo pasé dos días allí. De las personas que venían conmigo, unas ya se habían ido para la perrera y otras estaban en la hielera.

A mí me sacaron de la hielera para la perrera y después para la casa hogar. Allí pasé 17 días. En esa casa hogar aprendí mucho sobre cómo son las personas.

Y el 17 de diciembre llegué a Nueva York. Cuando llegué aquí sentí como que eran mis vacaciones. Pero cuando entré a la *high school* fue muy difícil porque no sabía hablar inglés. Pero ahora puedo un poquito con el inglés y entiendo más.

gry. But they gave me chocolate cookies and apple juice. And then they took us to the cooler.

That's a very ugly and cold place. They give people hard sandwiches and a juice. That place is freezing and there's only aluminum foil, and with that foil people cover up.

Once there, they call people to take their fingerprints and name. Then they call the people to deport back to their countries. I spent two days there. Of the people who came with me, some had already gone to the dog house and others were in the cooler.

They took me out of the cooler and put me in the dog house and later sent me to a home, where I spent 17 days. In that home, I learned a lot about how people are.

And on December 17, I arrived in New York. When I got here I felt as if I was on vacation. But when I started high school it was very difficult because I didn't know how to speak English. But now, I can handle English a little better and understand more.

NINGÚN SUEÑO
ES ILEGAL

NO DREAM
IS ILLEGAL

Ningún sueño es ilegal

Escribo aquí sentado al lado de mi ventana abierta tratando de escapar de mi rutina diaria, la cual me persigue excesivamente, yo diría, así como los perros persiguen a los gatos. Cierro los ojos y recuerdo mi primer día de clases en ██████████████. Recuerdo la mañana que iba en el autobús escolar escuchando a unos chicos hablando sobre su verano. Uno de ellos decía:

—Me me fui a New Jersey a visitar a mi familia.

Y el otro respondía:

—Yo lo único que hice fue irme a la playa. Fui tantas veces que hasta comencé a aburrirme.

Mientras el bus entraba a la escuela pensé entre mí, *al menos tendré con quién conversar, ya que hay más estudiantes que también hablan español.*

Poco a poco los estudiantes ingresaban a la escuela, entonces recordé que tenía que ir al *main office* para entregar unos papeles. Decidí pedirle ayuda a uno de los chicos que escuché conversando en el autobús escolar, pero ellos me contestaron tajantemente que no hablaban español. Bueno, al menos eso fue lo poco que entendí porque me lo dijeron en inglés. Una experiencia no muy agradable.

Llegó la tarde. Salí de la escuela y empecé a caminar de la escuela a la casa. Cuando iba a cruzar la calle una cuadra antes de llegar a mi casa, al lado de unos árboles viejos, escuché a unas personas americanas burlándose de otras personas, sólo por ser latinas. Los escucho, cierro los ojos y pienso cómo quisiera hacer algo solo para cambiar la manera de pensar de algunas personas sobre los indocumentados, pero abro los ojos y sigo viviendo la misma realidad con peores cosas todavía. Nosotros, los latinos, vivimos una realidad donde vemos pa-

No Dream Is Illegal

I'm writing here sitting beside my open window, trying to escape from my daily routine which chases me excessively, I'll say, just like dogs chase cats. I close my eyes and remember my first day of school at ██████████. I remember that morning when I was on the school bus listening to some guys talking about their summer. One of them said, "I went to visit my family in New Jersey."

The other guy replied, "The only thing I did this summer was go to the beach. I went so many times I started to get bored."

While the bus was entering the school grounds, I thought to myself, *at least I'll have someone to talk to since there are more students who also speak Spanish.*

Little by little, students started entering the school. Then I remembered that I had to stop by the main office to drop off some papers. I decided to ask one of the students I heard talking on the bus for help, but they sharply answered they didn't speak Spanish. At least that is what I understood, since they said it in English. An experience that was not very pleasant.

Afternoon came. School ended and I started walking home. When I was about to cross, one block away from my house beside some old trees, I heard some American men making fun of other people just because they were Latinos. I hear them, close my eyes and think how I wish I could do something to change the way some people think about the undocumented, but I open my eyes and am still living the same reality, with even worse things happening. We, Latinos, are living a reality where we see parents being deported, families being separated and a lot of children ending up in orphanages, all happening because of deportations.

dres siendo deportados, familias separadas y muchos niños terminando en orfanatos, todo debido a las deportaciones.

Llego a mi casa y veo a mi mamá y a mi vecina conversando, ambas a la entrada de mi casa y ambas sosteniendo una escoba. Alcanzo a escuchar que la vecina le pregunta a mi mamá:

—Oiga vecina, ¿y usted cómo va con su situación legal?

A lo cual mi madre contesta:

—Más o menos, ¿por qué?

—Porque ví en las noticias que iban a deportar a todos los indocumentados en este país.

Mi madre indignada le contesta:

—Pero no pueden hacer eso. No pueden quitarnos el derecho de estar aquí y ver crecer a nuestros hijos.

Yo seguí. Entré a mi casa y después de terminar mi tarea seguía sintiendo un poco de ira al pensar en la injusticia que existe para algunas personas. Me senté en una silla en la cocina y a los pocos minutos entró mi madre para preparar la merienda.

—¿Cómo estás? —me dijo.

—Bien —le contesté.

—¿Me puedes ayudar a lavar los platos?

—Okey —le dije.

—Te noto raro.

—No pasa nada —contesté.

—Bueno, debe ser una impresión mía. ¿Qué tal si llamas a tu abuela? Hace tiempo que no la llamas. Anda llama y salúdala.

—Okey, ahora la llamo.

Entonces marqué y contestó mi abuela.

—Hola abue, ¿cómo está?

—Bien gracias, ¿y tú?

—Yo bien, aunque un poco preocupado.

—¿Por qué?

—Por la manera de cómo tratan a los latinos en este país, más aún si son indocumentados.

—Ay hijo, yo aún recuerdo cuando un tío tuyo murió en la frontera al no aguantar más el calor y el hambre. Esto sucedió antes de que tú

I get to my house and I see my mom and our neighbor talking, both by the front door and both holding a broom. I manage to hear when the neighbor asks my mom:

"Hey, neighbor, and how's it going with your legal situation?

To which my mother replies, "So, so. Why?"

"Because I saw on the news they were going to deport all the undocumented from this country."

My mom, outraged, answered, "They can't do that! They cannot take away our right to be here and watch our kids grow up!"

I kept walking, entered the house, and after finishing my homework I still felt some anger when I thought about all the injustice that exists for some people. I sat down on a chair in the kitchen and after a few minutes my mother came in to start making supper.

"How are you?" she asked.

"Fine," I answered.

"Could you help me wash the dishes?"

"Okay," I replied.

"You're acting strange."

"Nothing's wrong," I answered.

"Well, it's just me, then. Why don't you call your grandmother? It's been a while since you last called her. Go on, call her and say hi."

"Okay, I'll call her."

I dialed and my grandmother picked up.

"Hello, Gran. How are you?"

"I'm fine, thanks. And you?"

"I'm okay, though a little worried."

"Why?" she asked.

"I'm worried about the way Latinos are treated in this country, even worse if they're undocumented."

"Oh, my boy, I still remember when an uncle of yours died trying to cross the border when he couldn't bear the heat and hunger anymore. This happened before you were born. It's difficult, but you keep going. Remember that you're in the country of opportunities and no dream is illegal. I wish I could talk longer but I have to go."

"Okay. I'll call you soon."

nacieras. Es difícil, pero tú sigue adelante. Recuerda que estás en el país de las oportunidades y que ningún sueño es ilegal. Quisiera hablar más, pero me tengo que ir.

–Está bien, la llamaré pronto.

–Está bien, adiós.

Llega la noche y con ella la hora de dormir. Estaba a punto de recostarme cuando sentí mi cuarto muy frio. Fue cuando me di cuenta que mi ventana aún seguía abierta.

"Good. Goodbye."

Night comes and with it the hour to sleep. I was about to lie down when I felt my room very cold. It was then I realized my window was still open.

REFLEXIONES   REFLECTIONS

"Dónde vas tú, vamos todos"

"Dónde vas tú, vamos todos", fueron las palabras de mi madre cuando me dio un último abrazo el 8 de agosto de 1991 en el aeropuerto Luis Muñoz Marín en San Juan, Puerto Rico. Ambas nos habíamos rendido a la idea de que mi futuro estaba en Nueva York en comunión con un idioma y clima que me harían llorar y extrañar hasta los rincones más imperfectos de mi isla.

"Dónde vas tú, va tu familia y tu país, haz las cosas bien, m'ija", añadió mi madre mientras yo asentía con mis ojos inundados con lágrimas de miedo. Era un miedo lleno de incertidumbre y agonía. Me perseguían miles de preguntas mientras caminamos hacia la puerta de salida, donde nuestros corazones finalmente se desgarraron el uno del otro.

Estas palabras permanecieron conmigo cuando embarqué en la implementación de un programa de Herstory con estudiantes voluntarios recién llegados que cruzaron la frontera y acordaron escribir sus historias de sus viajes a esta tierra, la tierra de la libertad. Ellos escribieron historias sin nombres pero con voces que no deben ser descartadas. Muchos de estos estudiantes viven entre nosotros sin "papeles".

¿Es que voces deben tener un nombre? Deberían de tenerlo y deben de tenerlo. Pero, estas voces poderosas y necesarias están sin nombre por miedo de que paredes son mejores que corazones, y que aparte es mejor que juntos. Algunas personas han caído bajo el hechizo de que mantener a los inmigrantes fuera, los constructores de los sueños de este país, garantizará nuestra seguridad y prosperidad.

Como una participante activa en este taller de escritura, di luz a mi propia historia porque yo también crucé una frontera. Escribí la historia que me trajo aquí de las costas cálidas de Puerto Rico a Long Island.

"Where You Go, We All Go"

"Where you go, we all go," were the words of my mother when she hugged me for the last time before my departure on August 8, 1991, from the Luis Muñoz Marín Airport in San Juan, Puerto Rico. We both had surrendered to the idea that my future was in New York, in communion with a language and climate that would make me cry and miss the most imperfect corners of my island.

"Wherever you go, your family goes and your country goes, so make sure to do good, my daughter," added my mother, while I nodded with eyes inundated with tears of fear; a fear of uncertainty and agony. Thousands of questions haunted me as we walked to the gate where our hearts finally ripped apart.

These words remained with me as I embarked on the implementation of a Herstory Program with volunteer high school newcomer students who crossed the border and agreed to write their journeys into this land, the land of liberty. They delivered nameless stories with voices that must not be dismissed. Many of these students live among us without "papers."

Must voices have a name? They should and they must. But, these powerful and needed voices are without a name for fear that walls are better than hearts, and that apart is better than together. Some people have fallen into the spell that keeping away immigrants, the builders of this country's dreams, will guarantee our safety and prosperity.

As an active participant of this writers' workshop group, I gave birth to my own story because I also crossed a border. I wrote the story that brought me from the warm shores of Puerto Rico to Long Island. For many weeks, I lived and breathed the Herstory peda-

Por muchas semanas, viví y respiré la pedagogía de Herstory junto con mis estudiantes. Escribimos, leímos y escuchamos las historias de los demás, y en el proceso construimos un corazón lleno de amor y compasión que compartimos con la comunidad escolar porque, donde va cada uno de nosotros, vamos todos.

Sin duda, este fue el proyecto más significativo del año, al darme cuenta de que las palabras de mi madre cuando yo salía de Puerto Rico hace más de 25 años están vivas aún y son más relevantes que nunca. "Dónde voy yo, vamos todos", incluyendo a mis estudiantes inmigrantes cuyas voces y nombres serán declarados en voz alta algún día, rompiendo así toda pared opresiva. No es nosotros y ellos. Estamos unidos en una voz y un corazón.

Dafny Irizarry, Fundadora y presidenta de Long Island Latino Teachers Association (LILTA, Asociación de Long Island de Maestros Latinos)

gogy along with my students. We wrote, read and listened to each other's stories, and in the process we built one heart full of love and compassion that we shared with the school community because where each of us go, we all go.

Without a doubt, this was my most meaningful project of the year, realizing that my mother's words as I left Puerto Rico more than 25 years ago are still alive and more relevant than ever, "Wherever I go, we all go," including my immigrant students whose voices and names will be declared someday out loud breaking any, and every, oppressive wall. It's not us and them. We are united in one voice and one heart.

Dafny Irizarry, Founder and President of Long Island Latino Teachers Association (LILTA)

Queridísimos jóvenes escritores de justicia

Me han cambiado. Yo pensaba saber lo que significaba ser inmigrante en los EE.UU. y en Long Island. Después de todo, mis padres fueron inmigrantes. La verdad es que tenía poca idea hasta que ustedes dieron voz a sus experiencias y recuerdos; los que trataron duro de bloquear . . . de olvidar.

Quiero que sepan que sus historias también cambiarán a otros. Cada paso que dan me recuerda la lucha y las esperanzas que millones de familias experimentan al venir a este país. Los veo a ellos en los ojos de ustedes, en sus gestos, en la manera en que hablan inglés con tanta pausa y cuidado.

Regreso a esas 10 semanas en que trabajamos juntos para producir las historias en este libro. Recuerdo cómo reunieron sus escritorios en un círculo imperfecto para escribir sus historias valientes. Sus caras jóvenes y hermosas mostrando determinación y timidez conforme rebasaban los límites del salón de clase hacia una nueva experiencia. Cada semana describían emocionalmente las historias de sus viajes a veces peligrosos, siniestros y emocionantes a Estados Unidos de sus queridos países en Centro y Sudamérica. Sus historias serpenteantes, cuando leídas en voz alta, llenaron el salón de clase con imágenes coloridas, textura y emoción profunda. Sus memorias zigzaguearon del inglés al español, manera nueva recién aprendida para persuadir "al extraño lector" con "el reto de que le importe".

Yo creo que ustedes están cambiando corazones y mentes; están haciendo una diferencia al darle voz a sus verdades. Nadie más lo puede hacer más que ustedes. Las historias son suyas, suyos los países y las familias que dejaron atrás, y suyo este nuevo país de esperanza.

Sí, es un tiempo urgente y no sé qué va a pasar. Sé que sus luchas

Dearest Youth Justice Writers

You've changed me. I thought I knew what it meant to be an immigrant in the U.S. and on Long Island. After all, my parents were immigrants. I really had little idea until you gave voice to your experiences and memories. The ones you tried so hard to shut out . . . to forget.

I want you to know that your stories will change others, too. Each step you take reminds me of the struggle and hopes millions of families experience coming to this country. I see them in your eyes, in your gestures, in the way you speak English so hesitantly and carefully.

I think back to those 10 weeks working together to produce the stories in this book. I think back to the way you gathered your desks into an imperfect circle to write your brave stories. Your young, beautiful faces showing determination and shyness as you passed the classroom threshold into a new experience. Each week you emotionally described the stories of your sometimes dangerous, scary, and exciting journeys to the United States from beloved countries in Central and South America. Your winding stories, read aloud, filled the classroom with colorful imagery, texture and deep emotion. Your memories zigged in and out in Spanish and English in a newly learned way to entice the "stranger reader" to "dare to care."

I believe you are changing hearts and minds; you are making a difference voicing your truth. No one else can do it but you. It is your story, your country and family that you left behind, and your new country of hope.

Yes, it is an urgent time and I don't know what is going to happen. I know your struggles are not over, but I also know that you are

aún no han terminado, pero también sé que ustedes son más fuertes de lo que jamás pensaron, tienen maravillosos amigos, familias y maestros, y sus historias de vida inspirarán a otros a ser valientes.

Por favor, continúen escribiendo.

~

Con gratitud,

Helen Dorado Alessi, MPA, Consultante de programas y facilitadora de Herstory Writers Workshop

stronger than you ever thought, you have wonderful friends, family and teachers, and your life stories will inspire others to be brave.

Please, keep writing.

∼

In gratitude,

Helen Dorado Alessi, MPA, Herstory Writers Workshop Program Consultant and Facilitator

Una nota de nuestra traductora

Semana tras semana, por varios meses, recibí una historia. Venían sin nombre, algunas ya como documentos, otras como fotos de páginas escritas a mano que divinamente parecían arcaicas en su apariencia. Al leerlas, me impactó lo sonoro, doloroso y sincero que eran; cómo cada autor—todos adolescentes y la mayoría niñas—reflexionaba sobre el pertenecer, la naturaleza de las cosas y el cambio abrupto, añoraba la reunión y la familia; y cómo, con todo su poderío, emprendió viaje hacia el Norte.

Aún sin nombre, estas historias anónimas representan generaciones de familias en movimiento y paso constante hacia el poder proveer una mejor vida para los suyos. Explícito en las historias están sus comienzos humildes y este legado de buscar y alcanzar una vida mejor, el infame sueño americano. Implícito en las historias está la historia compartida de injusticia económica, violencia política y militar, y familias desaparecidas o desmembradas por años.

Juntas, estas historias representan la familia y los sueños de vida — las fuerzas apasionadas de la migración. Son solo 15 de las miles de voces ausentes en conversaciones sobre los inmigrantes y la inmigración. A través de sus tiernos ojos y corazones, nos encontramos en las casas de abuelas y en centros de detención, sintiendo el frío de "las hieleras" y el coraje de la ruptura familiar, alertados a la jornada peligrosa que viene y la convocación de fe y fuerza para realizarla.

Ahora, ¿qué haremos con estas historias en mano? ¿Con quién las compartiremos? ¿Cómo profundizamos la conversación para llegar a una reforma de inmigración verdaderamente comprensiva y humana? ¿Cómo evitamos dividir a los inmigrantes en grupos que son politiza-

A Note from Our Translator

Week after week, for several months, I received a story. They came with no name, some as typed-up documents; some as pictures of handwritten pages that delightfully seemed archaic in their appearance. Upon reading I was struck by how sonorous, painful, and honest they were; how each author—all of them teenagers, most of them girls—mused about belonging, questioned the nature of things and the abrupt change, yearned for reunion and family; and, with all their might, made their way North.

Even without a name, these anonymous stories represent generations of families in constant movement and stride to provide a better life for themselves. Explicit in the stories are their humble beginnings and this legacy of search and chase of a better life, the infamous American Dream. Implicit is a shared history of economic injustice, political and military violence, and families disappeared or dismembered for years.

Together, these stories stand for family and life dreams—the soulful forces of migration. They are but 15 of the thousands of voices missing in conversations about immigrants and immigration. Through these young eyes and hearts, we find ourselves in grandmothers' homes and detention centers, feeling the freeze of "the coolers" and the burning heartbreak of family rupture, alert to the dangerous journey ahead and the summoning of faith and spirit to make it through.

Now, with these stories in hand what will we do? Who will we share these stories with? How do we deepen the conversation for a truly comprehensive, and humane, immigration reform? How do

dos, demonizados y puestos los unos contra los otros? ¿Cómo podemos asegurar que esta tierra que llamamos hogar permanezca una tierra unida, de bienvenida y comprometida a la vida y a la libertad? ¿Cómo acordamos que ningún ser humano es ilegal?

Estas historias abriendo camino y más de nosotros escuchando son pasos valientes a seguir.

Silvia P. Heredia
Febrero 2018

we avoid compartmentalizing immigrants into groups that get politicized, demonized and pitted against each other? How can we ensure that this land we call home remains united, welcoming, and committed to life and liberty? How do we agree that no human being is illegal?

These stories leading the way and more of us listening are brave steps to follow.

Silvia P. Heredia
February 2018

Acerca de Herstory Writers Workshop

Si fuese fácil caminar en los zapatos de otra persona, el mundo sería un lugar muy diferente. Hace 21 años, la novelista y ensayista Erika Duncan reunió un pequeño grupo de mujeres que nunca habían escrito antes para una audiencia, con el propósito de escribir las historias de sus vidas de tal manera que provocaría identificación, empatía y compasión hasta en el extraño de corazón más duro. El resultado fue asombroso, no solo en términos de producir escritura mucho más poderosa de lo que se esperaría de un grupo de principiantes, pero en cuanto el agilizar un sentido de conexión y de empoderamiento y sanación individual y comunitaria. Juntas, las mujeres se unieron a Erika en el diseño de herramientas nuevas que le ayudarían a quien fuera—sin importar el nivel de educación o experiencia previa con la escritura—para participar en el proceso, trabajando lado a lado y a través de las diferencias de raza, clase o cultura que nos separan. Y entonces nació Herstory Writers Workshop, con una misión innovadora de cambiar la estructura de poder para que aquellos cuyas voces habían sido silenciadas tuvieran un lugar en la toma de decisiones que afecta sus vidas.

La organización creció rápidamente conforme participantes fueron encontrando sus voces y trajeron a otras. Primero había un taller en una comunidad, después dos, luego tres en otra comunidad—y así, extendiéndose de una comunidad a otra, después a la cárcel, y finalmente a las escuelas, conforme educadores, activistas de derechos humanos y proveedores de servicios humanos se dieron cuenta del potencial de la metodología para crear grandes cambios, no solo en participantes pero en el gran círculo de personas que lograban tocar las escrituras—legisladores del condado, oficiales de la escuela, guardias

About Herstory
Writers Workshop

If it were easy to walk in another person's shoes, the world would be a very different place. Twenty-one years ago, novelist and essayist Erika Duncan gathered a small group of women who had never written for an audience, with the mission of writing their life stories in a way that would stir identification, empathy and compassion in even the hardest-hearted stranger. The result was staggering, not only in terms of producing writing far more powerful than that which would be expected from a group of beginners, but in fast-forwarding a sense of connectedness and of individual and community empowerment and healing. Together, the women joined Erika in designing a new set of tools that could allow anyone—regardless of level of education or previous writing experience—to partake in the process, working side by side across the differences in race, class and culture that keep us apart. And so Herstory Writers Workshop was born, with a groundbreaking mission of shifting the power structure so that those whose voices had been silenced would have a place in the decision-making that affects their lives.

The organization grew rapidly as participants found their voices and brought in others. First there was one workshop in one community, then two, then a third in another community—and so it went, spreading from one community to another, then to the jails, and finally to the schools, as educators, human rights activists and human service providers became aware of the potential of the methodology to create major changes, not only in the participants but in the wide circle of people the writings were able to touch—county legislators, school officials, prison guards and community organizers looking for a story-based strategy for change.

de la prisión y organizadores comunitarios buscando una estrategia basada en historias para crear cambio.

Entre 2006 y 2010 dos manuales de entrenamiento fueron diseñados y puestos a prueba en Stony Brook University en el transcurso de tres veranos. Un programa "Youth Writing for Justice / Jóvenes escribiendo para la justicia" fue establecido en colaboración con cinco universidades y seis distritos escolares, para avanzar la pedagogía de manera que le daría a estudiantes una voz y al final crearía un lugar para sus historias en el currículo escolar. En 2016, un instituto para entrenar facilitadoras de Herstory fue establecido en asociación con Hofstra University's Center for Civic Engagement. El uso de la metodología continua expandiéndose, más recientemente en asociación con Winthrop Rockefeller Foundation, Hispanics in Philanthropy y el Departamento de Educación de Adelphi University.

Hoy entre 11 y 17 talleres facilitados, en inglés y en español, se ofrecen en Long Island en cualquier momento. Algunos son continuos, durando meses o años; otros son de tiempo limitado. La mayoría de las narrativas producidas en estos talleres brilla una luz personal y convincente sobre sistemas que le han fallado al escritor/a, injusticias encaradas o vistas, familias destrozadas, las consecuencias de la pobreza y la desesperanza. Ya que historias que evocan empatía pueden cambiar el corazón y la mente de personas, Herstory forma colaboraciones con organizaciones de abogacía luchando por cambios del sistema. Muchas de las historias que emergen de talleres de Herstory se convierten en instrumentos de cambio, herramientas más conmovedoras que gráficas o estadísticas.

Para más información o cómo involucrarse, contáctenos:

(631) 676-7395
www.herstorywriters.org
contactus@herstorywriters.org

Between 2006 and 2010 two training manuals were developed and piloted at Stony Brook University over the course of three summers. A "Youth Writing for Justice" program was established in partnership with five colleges and six school districts, to advance the pedagogy in a way that would give students a voice and ultimately create a place for their stories in the school curriculum. In 2016, an institute to train Herstory facilitators was established in partnership with Hofstra University's Center for Civic Engagement. The use of the methodology continues to expand, most recently through engagement with the Winthrop Rockefeller Foundation, Hispanics in Philanthropy and the Department of Education at Adelphi University.

Today between 11 and 17 facilitated workshops, in English and Spanish, take place on Long Island at any given time. Some are ongoing for months or years; some are time-limited. Most of the narratives produced in these workshops shed a personal and compelling light on systems that have failed the writer, injustices faced or observed, families torn apart, the consequences of poverty and hopelessness. Because stories that evoke empathy can change people's hearts and minds, Herstory forms partnerships with advocacy organizations fighting for systems to change. Many of the stories that emerge from Herstory workshops become instruments of change, tools more compelling than graphs, charts or statistics.

For more information or to become involved, please reach us:

(631) 676-7395
www.herstorywriters.org
contactus@herstorywriters.org

Herstory Books and Teaching Materials

Latinas Write/Escriben. This 330-page bilingual collection captures the voices of 23 Long Island women and 11 women from Nicaragua. A vital reader for community welcoming groups, book clubs, and classroom use for ESL, Spanish, Sociology, and Women's Studies. **$24.95**

Esta colección bilingüe reúne las voces de 23 mujeres de Long Island y 11 de Nicaragua. Una colección esencial para grupos comunitarios de bienvenida, clubs de libros, y uso en el salón de clases de ESL, lenguas extranjeras, sociología, escritura y estudios femeniles. **$24.95**

All I Ever Wanted . . . Stories of Children of the Incarcerated. This volume allows ten of the 2.7 million children with incarcerated parents living in the U.S. to shed light on the need to end mass incarceration. A must for high school students, teachers and guidance counselors, prison families and parents in prison. **$20**

VOICES: Memoirs from Long Island's Correctional Facilities. This volume gives a deeply human face to incarcerated women and girls. Recommended reading for criminal justice reform activists, and Criminology, Women's Studies, and Human Rights courses. **$19.95**

Taking Back Our Children: A Reader to Foster Dialogue Around Youth Justice Reform. A tool for the Raise the Age Campaign in New York State, this book features the stories of nine incarcerated adolescent girls. It provides readers with a compelling look at the need to reexamine our youth justice system. **$20**

The Teller in the Tale: A Half-Jewish Child in Nazi Germany, by Elizabeth Heyn. This coming of age story traces its way through a young girl's miraculous late escape in 1941 just three weeks before the German borders close, to her coming of age as a refugee in Franco's Spain, and finally to her attempts to become a typical American teenager. **$14.95**

Love Song at the End of the Day: A Journey into Alzheimer's, by Muriel Weyl. This "love song" deepens as we move from diagnosis into daily living with Alzheimer's. Written with compassion and humor, it captures remembrances of a 62-year relationship, and is ultimately a celebration of the human spirit. A book for anyone who is connected to a sufferer from memory loss. **$14.95**

Paper Stranger/Shaping Stories in Community. Herstory's manual for teachers, writers and activists provides an introduction to Herstory's empathy-based approach to memoir writing. Readings and reflections are interwoven with a step-by-step compendium of exercises and tools. **$19.95**

Passing Along the Dare to Care: A Mini-Memoir Course for Younger Writers. This collection of readings and exercises fosters dialogues across differences, diversity studies and a sense of community, as well as enhanced listening, reading and narrative skills. Designed for school settings. **$14.95**

Teaching Memoir Writing the Herstory Way. This 90-minute instructional DVD provides, teachers, healers and activists with an overview of the empathy-based techniques that have proven effective in school, jail and community settings. $29.95

All proceeds go back to Herstory's ongoing work with people who might not otherwise be able to pay for quality writing workshops.

To order: call (631) 676-7395 or visit www.herstorywriters.org.